毎日いつも

ルームシューズ

青木恵理子

家で仕事をするようになってから増えたものの中に、ルームシューズがあります。
おしゃれを楽しむこともできるし、冷えから足を守ってくれたりもします。
街で「コレは！」と思うものに出会うとついつい買ってしまうから、
もう何年か先の分までストックがあるのです。
夏はい草のもの、冬は寒い国からやってきたしっかりと暖かいもの、旅には軽いもの、と
今や私の生活には欠かせないアイテムになりました。
中でも気に入っているのがモロッコ製のバブーシュで、
これを真似して作ったのがルームシューズ作りのきっかけです。

ルームシューズは立体的なものですし、
手作りの分野では少し特殊なジャンルかもしれません。
専門家でない私は、型紙を足にあててみたり、
中華街で買ったカンフーシューズを解体して手を加えてみたりと
自分なりの試行錯誤を重ね、形にしてゆきました。

日頃手作りに親しんでいる方にとっても、
もちろん手作り初心者の方にとっても、
ルームシューズ作りは新たな挑戦なのではないかと思います。
たくさんのデザインの中から好きな形を選んで、
自分らしい素材を使って、
たったひとつのルームシューズを作ってみて下さい。
この本がそんな皆さんのお役に立てれば嬉しいです。
（作るときは、決して焦らず、ひとつひとつの行程を丁寧にするとよいと思います）

contents

1
バブーシュタイプ

a

レッスン作品
作り方の写真解説つき

b

かかとを倒してステッチをかけたバブーシュタイプは、脱ぎ履きが楽なのが嬉しい。
赤耳リネンを使った*a*は、内側にダブルガーゼを使って
素足でも履けるように仕上げました。
*b*は甲にブラウンのウール地、かかとにボーダー柄を使ってカジュアルな印象に。

作り方 28ページ

ワンピース、ソックス／nest Robe 青山店

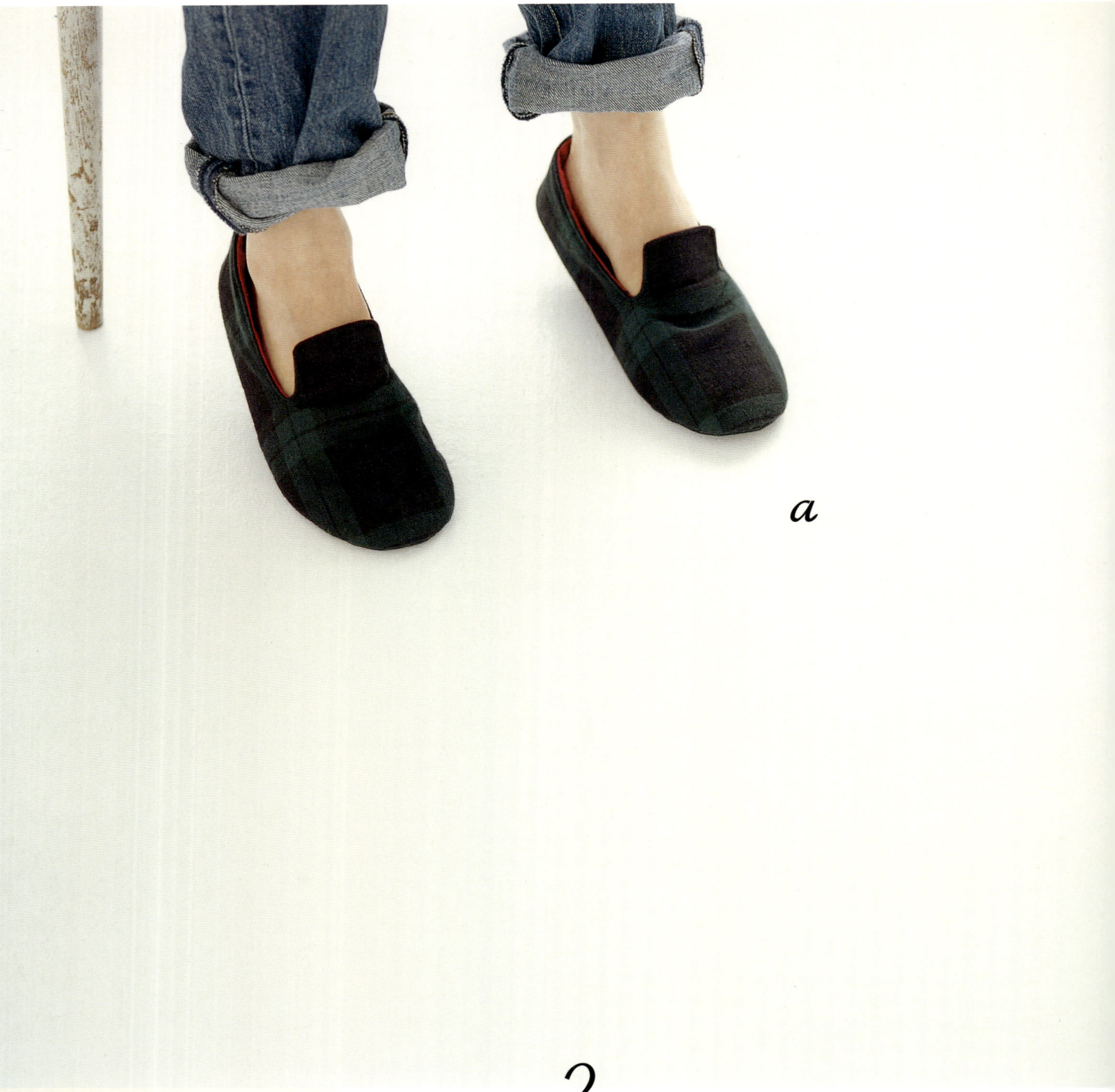

a

2
スリッポンタイプ

ほどよく足にフィットして、履き心地のよいスリッポンタイプ。
表布にはブラックウォッチ柄とグレイのウールを選びました。
表側をベーシックな布にしたら、
裏布は赤などビビッドな色を合わせると、全体が引き立ちます。

作り方 32ページ

3
ストラップタイプ

a

ストラップのついたルームシューズは、乙女心をくすぐるアイテム。
ギンガムチェックやデニムの他、リネンやウールなど好きな素材で作って下さい。
b のTストラップは、*a* のワンストラップに縦の1本を加えただけのアレンジです。

作り方 34ページ

b

4
バレエシューズタイプ
＋巾着袋

きれいな水色のリネンと
花柄の組み合わせがやさしい雰囲気。
紫のリネンでパイピングをして、
ゴムを通してギャザーを寄せたので、
まるでバレエシューズのよう。
共布で巾着袋を作れば、携帯にも便利です。

作り方 37ページ

パンツ、スパッツ／nest Robe 青山店

5
スクエアトゥタイプ

つま先部分にダーツを入れて、スクエアのシルエットにしたところがポイント。
デニムで作ったストラップつきの *a*、
サイドからのリボンで結ぶ *b*、好きなデザインを選んで下さい。

作り方 40ページ

6
レザータイプ

本格的に見えますが、薄手の革なら家庭用のミシンで縫うことができます。
a はスウェードで甲の部分を2枚合わせて縫ったスリッパ風。
b は2本のヌメ革をクロスさせたサンダル風。夏は裸足で冬は靴下を履いて、
一年中使えるルームシューズです。

作り方 44ページ

a

7

エスパドリーユタイプ

b

その名の通りエスパドリーユをイメージして作った、夏向きのルームシューズ。
帆布や張りのあるリネンで、布の耳をうまく利用して作ります。
最後にブランケット・ステッチで底のまわりを一周かがると、
ぐっとエスパドリーユの雰囲気が出ます。

作り方 46ページ

8
フェルトタイプ

スパッツ／nest Robe 青山店

フェルトは切りっぱなしで使える便利な素材。
軽くて履き心地のやわらかなルームシューズが簡単に作れます。
赤や水色などきれいな色を選ぶと、家の中で過ごす時間が楽しくなりそう。
かごに入って出番を待つ姿もかわいくて。

作り方 43ページ

ワンピース／nest Robe 青山店

9
モカシンタイプ

厚手フェルトを使ってモカシン風に。
底とサイドが一体になったパターンを甲と合わせてブランケット・ステッチ。
見た目は本格派なのに、意外と簡単に作れます。

作り方 48ページ

10
ブーツタイプ

ワンピース、ソックス／nest Robe 青山店

足元をすっぽりと包んでくれるハイカットのブーツタイプは、寒い季節の強い味方。
フローリングなど冷たい床でも、ぽかぽかで過ごせます。
ウールやボアなど、秋冬向きの素材を選ぶのがおすすめ。

作り方 50ページ

b

11
スリッパタイプ＋収納袋

ベージュカーキの布をキルティングして、ターコイズの布でパイピング。
軽くて邪魔にならないから、持ち運びもラクラク。
お揃いの袋に入れて、旅先にもつれて行きたい。
市販のキルティング地を使えば、さらに手軽に作れます。

作り方 53ページ

ルームシューズを作る前に

サイズについて

この本の型紙は、足のサイズ23～24cmを基準にしています。靴と違って、多少の余裕をとっていますので、仕上がりのルームシューズの実寸は、デザインによって24～26cmになります。これ以外のサイズの方は、前後1cmくらいでしたら、拡大・縮小をして作って下さい。ただし、拡大や縮小をすると足長だけでなく、足幅も変わってしまうので、子供用や男性用など大幅にサイズを変えるのは避けた方がよいでしょう。

注： 足の形には個人差があります。足長が同じでも、甲の幅や高さなどは人によって違います。この本のルームシューズのサイズは23～24cmを基準としていますが、全てのこのサイズの方に合うとは限りません。ご了承下さい。

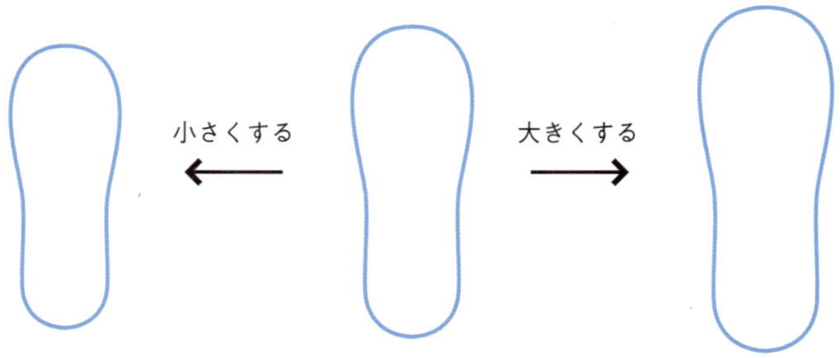

サイズを
約1cm小さくしたい
型紙を190%に拡大

基本のサイズ
（23～24cm）
型紙を200%に拡大

サイズを
約1cm大きくしたい
型紙を210%に拡大

布選びについて

この本のルームシューズは、甲やかかとの表布と裏布、外底、内底といったパーツでできています。基本的には好きな布で作って構いませんが、それぞれのパーツに向く布をまとめましたので参考にして下さい。また、リネンやコットン、ウールなど縮みやすい布で作るときは、地直し（霧吹きで水をしっかりと含ませてアイロンをかける）をしてから裁ちましょう。

	向く素材
表布	リネン、コットン、薄手デニム、秋冬ものならばウールやボアなど
裏布	コットン、リネン、春夏ものならばガーゼ素材など
底布	デニム、厚手で色の濃い帆布など

内底について

この本のルームシューズの内底は、春夏用と秋冬用で作り方を変えています。秋冬は靴下を着用してルームシューズを履くことが多いので、フェルトを内底に使用しています。一方、春夏は素足でルームシューズを履く場合を考えて、フェルトの上にコットンなどの布を一枚かぶせています（秋冬用でも、デザインによっては一部コットンなどをかぶせているものがあります）。内底は季節や自分の好みに合わせてアレンジしてもよいでしょう。

秋冬用
内底

春夏用
内底

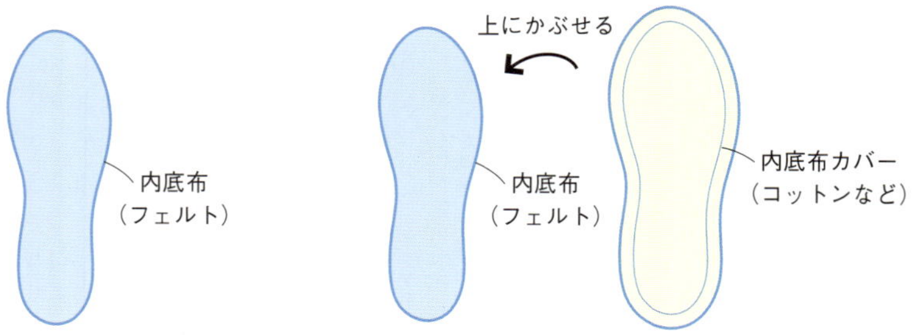

洗濯について

布製のルームシューズならば、洗濯をすることができます。手洗い、または洗濯機の弱水流で洗い、軽く脱水をします。ルームシューズの中にタオルなどを詰め、濡れたままの状態で表側にアイロンをかけてしわを伸ばします。そのあと形を整えて、充分に乾かします。特に底は何重にもなっているので、しっかりと乾かして下さい。

作り方のポイント

●ストラップの長さ

P.8や12のストラップのついたルームシューズを作るときは、ストラップの長さに注意しましょう。足長が同じ23.5㎝でも、甲の幅や高さなどによって、ちょうどよいストラップの長さは違ってくることがあります。心配な人は、縫う前にストラップの型紙を自分の足に当てて長さを確認し、もし足りないようなら少し長めに布を用意して下さい。スナップボタンをつけるときも位置を調整してからつけるとよいでしょう。この他にも、P.9の縦ストラップなども、縫う前に自分の足に一度合わせてから、位置を決めることをおすすめします。

●ストラップの返し方

ストラップなど細長いものを表に返すには、次のような方法で返します。

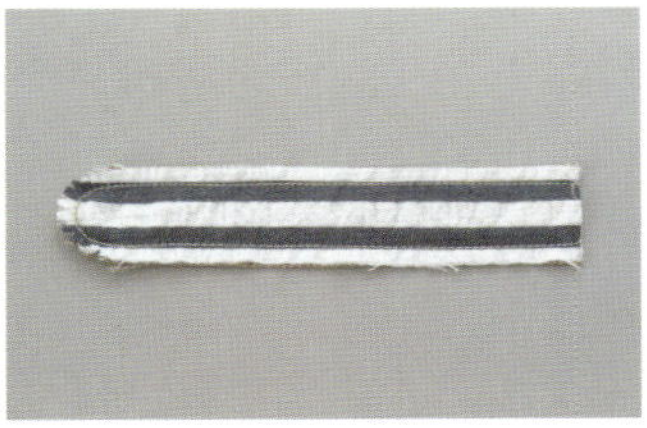

①ストラップの表布と裏布を中表に縫う。カーブ部分は細かい針目で縫い、縫い代に切り込みを入れる。

②カーブの先端側の表布と裏布を指先で左右につまむ。

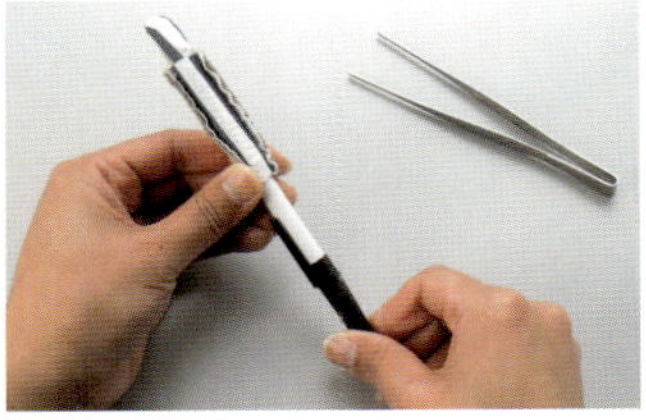

③カーブの先端を押し込み(ピンセットなどで押し込むとやりやすい)、ペンなど細いものを使ってさらに押し込む。

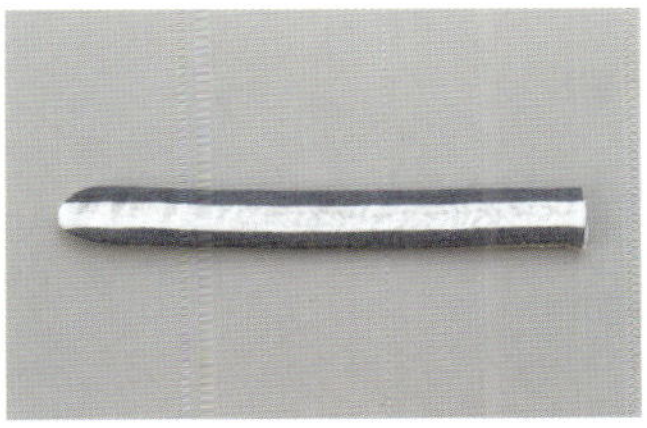

④表側に返し、目打ちで縫い目を出してアイロンをかけ、形を整える。

●甲のいせ込みについて

P.6や8などのルームシューズは、甲のつま先部分をいせ込んで外底と縫い合わせています。いせ込みとは、縫い合わせる寸法を合わせるために、片方をやや縫い縮めること。いせ込みをすることで、つま先を立体的に形作ることができます。

①甲のつま先部分の指定の位置をぐし縫い(裁ち切りのラインから8mmくらい内側)して縮める。糸端は裏側に出しておく。

②外底と中表にし、ぐし縫い部分を縮めながら調整して合印を合わせ、待ち針でとめる。

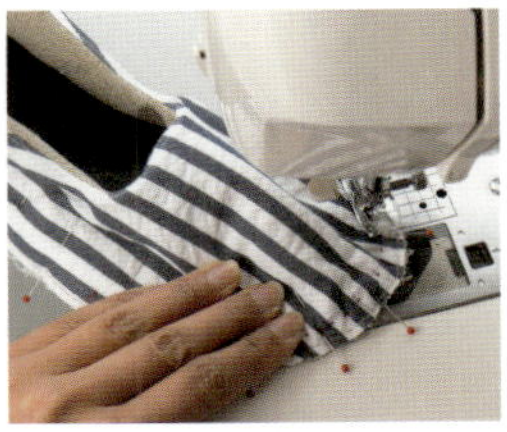

③いせ込みながら縫っていく。

④縫い終わったところ。

⑤表に返したところ(内底をつけた状態)。

●当て布とは？

甲や外底にキルト芯を重ねて縫うときは、キルト芯の下に当て布をします。これはキルト芯が一番下だと、ミシンで縫うときに布が送れないため。当て布は見えなくなってしまうので、基本的には余っている布(例えば無地のシーチングなど)で構いませんが、甲部分は仕上がったときに裏布のすぐ下が当て布になるので裏布にひびかない布を選んだ方がよいでしょう。

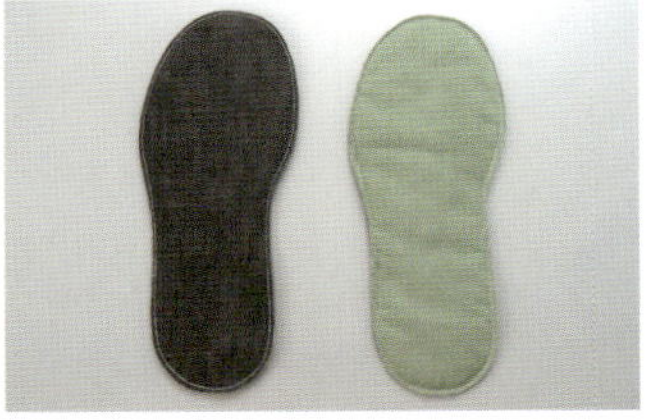

外底の当て布は、見えなくなるので色のついた布でもOK。

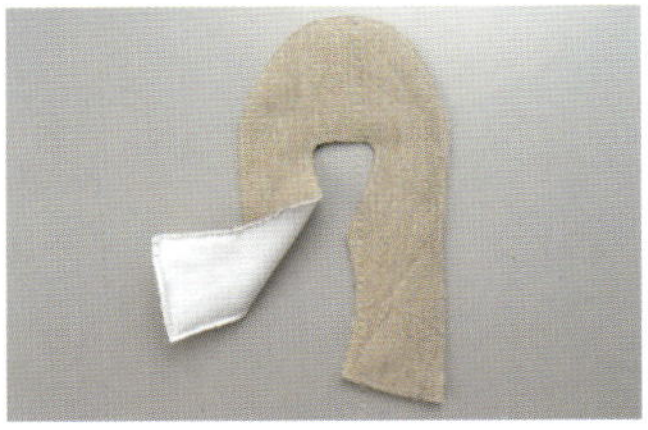

甲の当て布に、あまり濃い色や柄だと裏布にひびくことがあるので、白の無地が無難。

レッスン作品

1 バブーシュタイプを作ってみましょう

4-5ページ

a の材料

表布：ベージュのリネン（赤耳のもの）38cm×48cm
裏布、内底布カバー：生成りのWガーゼ60cm×48cm
外底布：紺のデニム33cm×30cm
内底布：厚さ2mmのオフ白のフェルト22cm×27cm
キルト芯：60cm×48cm
クロバー熱接着両面シート：22cm×27cm
その他：当て布（P.27参照）適宜　赤、ベージュの30番ミシン糸
●でき上がり寸法　図参照
●型紙、bの材料は31ページ

用具提供／クロバー株式会社

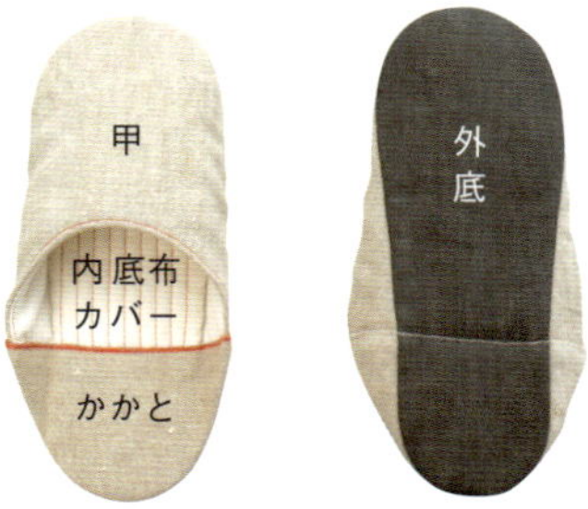

裁ち合わせ図　・単位はcm

a 表布、裏布、キルト芯、当て布

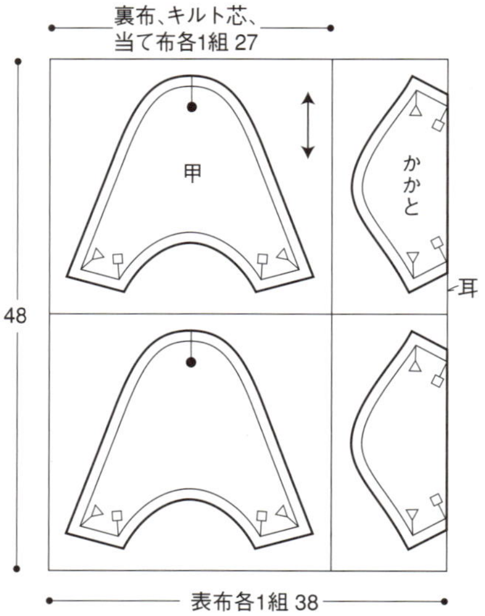

a 外底布、キルト芯、当て布、
内底布カバー各1組
b 外底布、キルト芯、当て布各1組

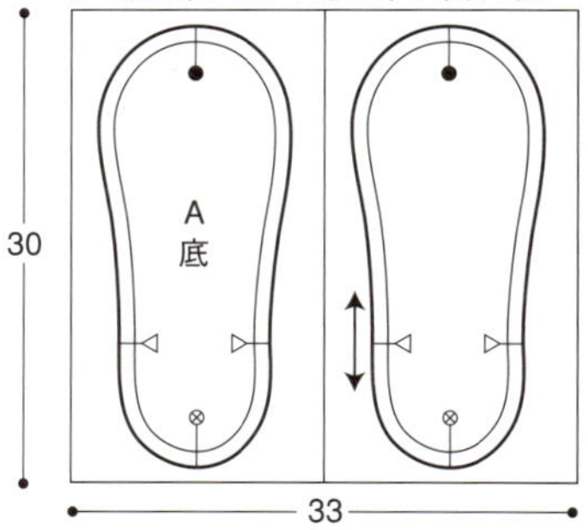

a 内底布、接着シート各1組
b 内底布1組

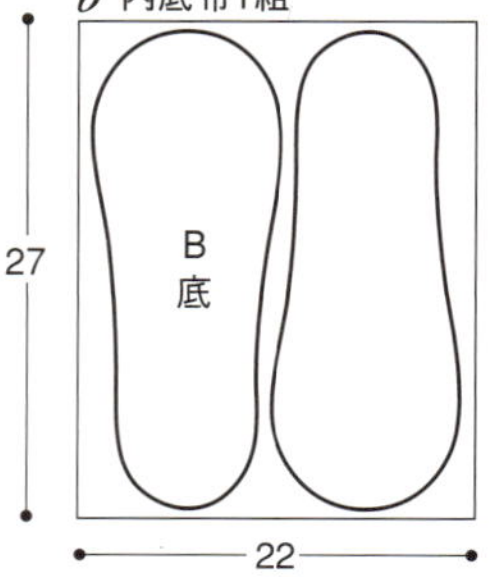

1 裁ち合わせ図と型紙を参照して裁断する ＊このルームシューズは左右同型なので、同じものを各2枚裁つ

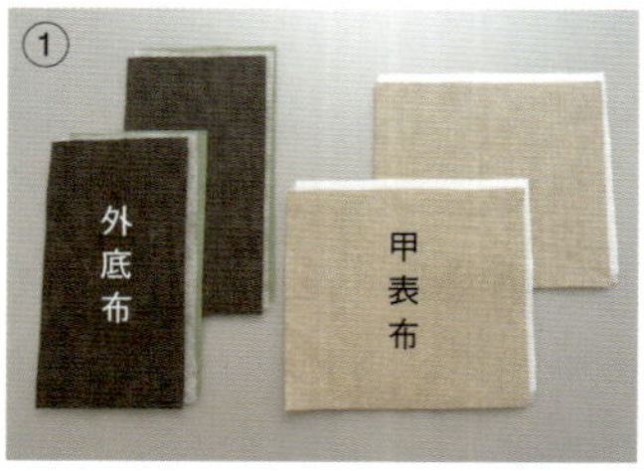

外底布（キルト芯、当て布）と甲表布（キルト芯、当て布）は型紙よりも大きくカットする（裁ち合わせ図参照）。

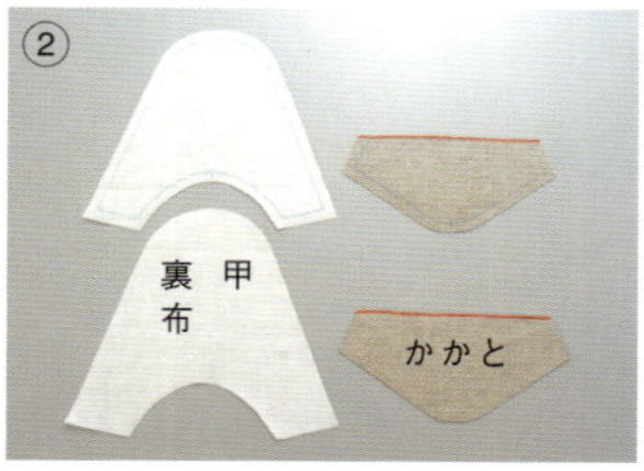

甲裏布とかかとを型紙に沿ってカットする。

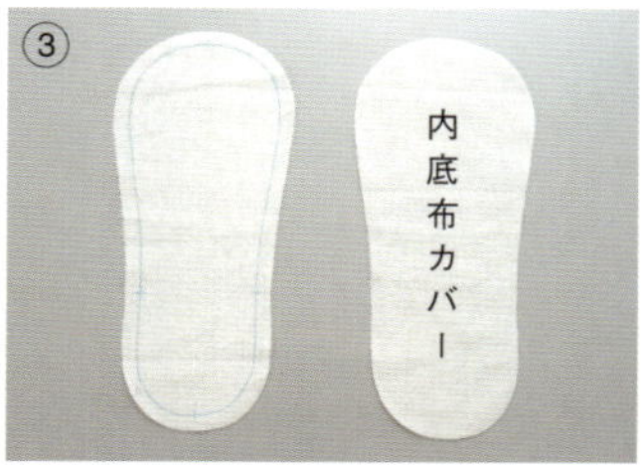

内底布カバーは型紙の外側のライン（Aのライン）に沿ってカットする。

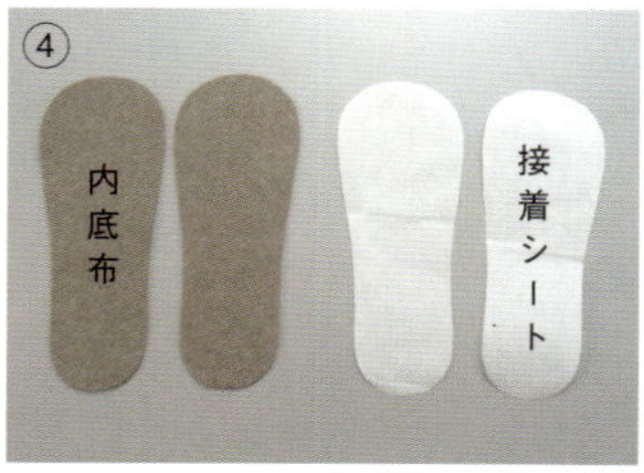

内底布と熱接着両面シートは型紙の内側のライン（Bのライン）に沿ってカットする。＊内底布は解説のため、写真では実際の色と変えています。

2 外底を作る

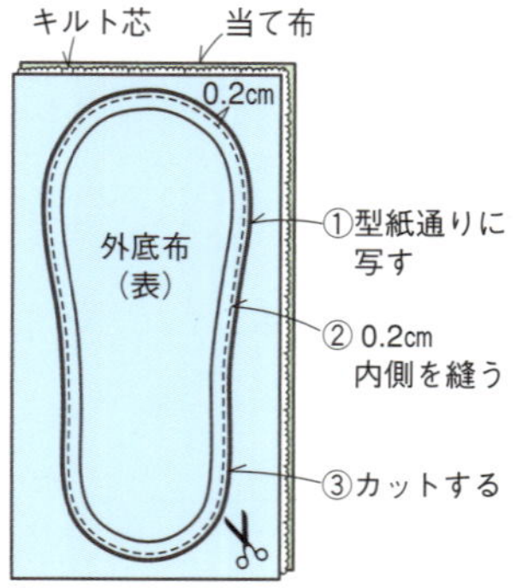

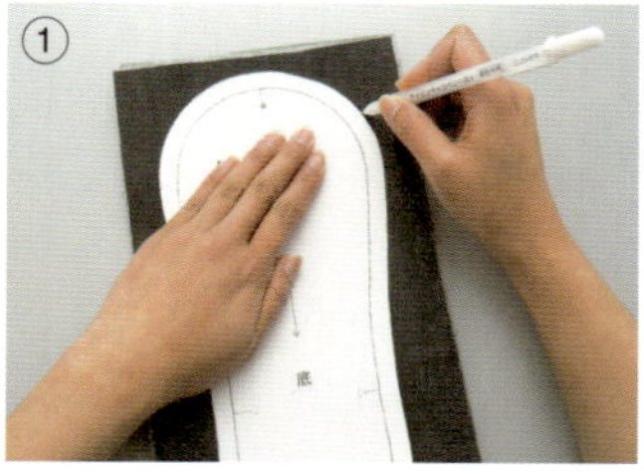

外底布にキルト芯と当て布を重ねる。外底布の表側に型紙をのせて外側のライン（Aのライン）を写す。

待ち針を打ち、3枚重ねて①で書いたラインの0.2cm内側を縫う。

ラインに合わせてカットする。

3 甲を作る

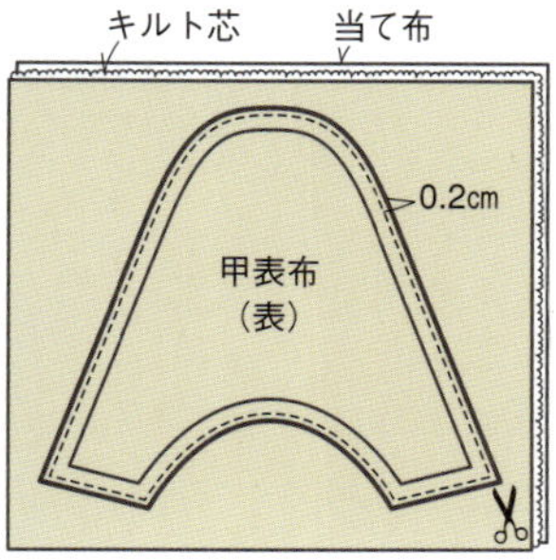

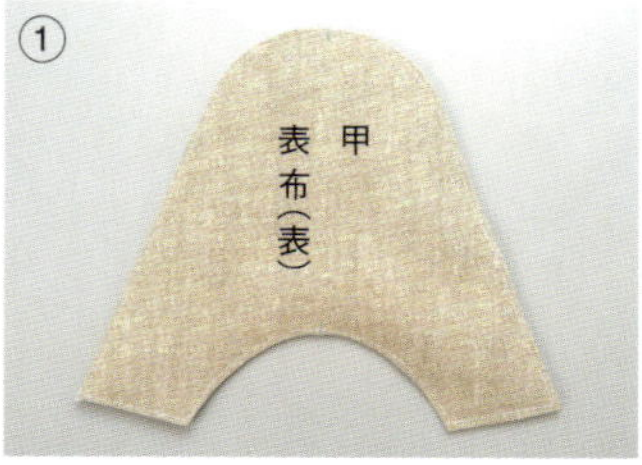

甲表布、キルト芯、当て布を重ね、**2**の①〜③と同様に作る。

4 内底を作る ＊*b*は内底布（フェルト）1枚のみ

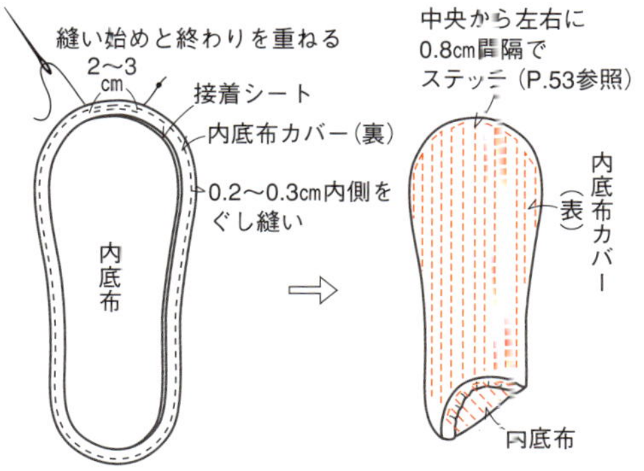

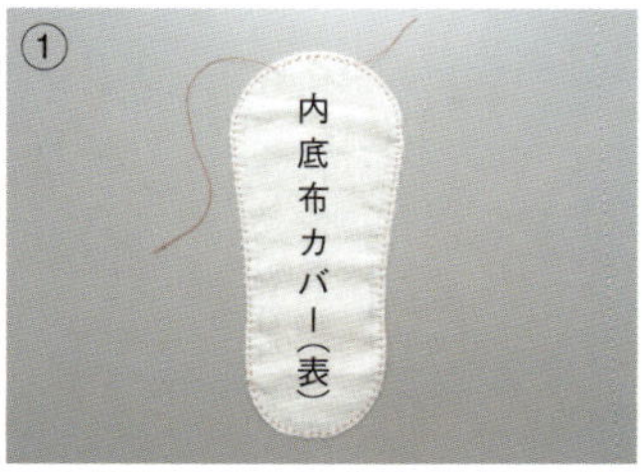

内底布カバーのまわり0.2〜0.3cm内側をぐし縫いする。縫い始めと終わりは2〜3cm重ね、糸端は表側に出しておく。

内底布カバーの裏側に熱接着両面シートをアイロンで貼る。

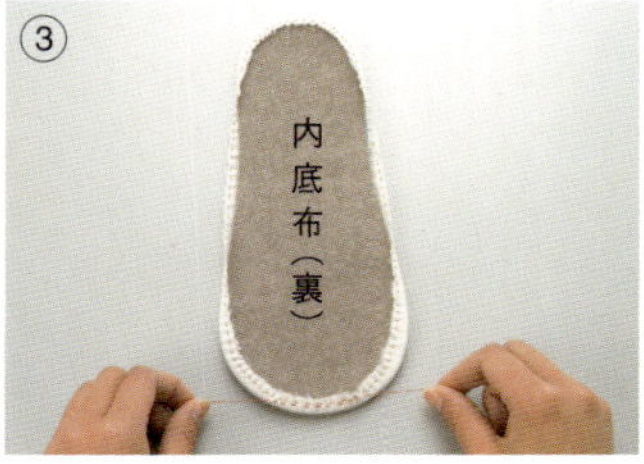

接着シートの薄紙をはがしてフェルトをのせ、ひっくり返してアイロンをかける。裏側から、ぐし縫いの糸を引っ張って縮める。

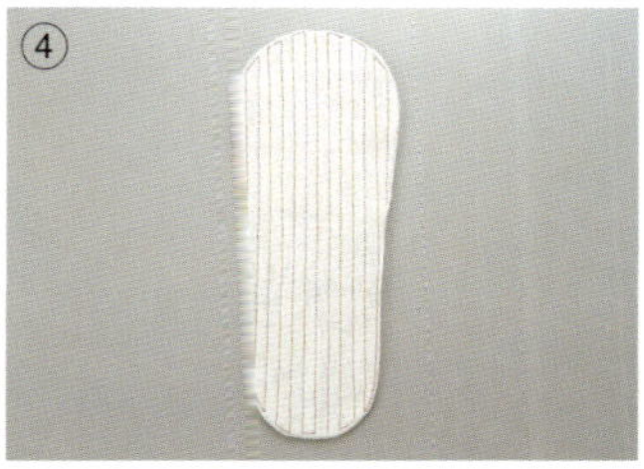

待ち針を打ち、赤でミシンステッチをする。最初に中央の1本をステッチし、押さえ金を目安にして（ここでは0.8cm間隔）左右にステッチをする。

5 甲を縫い合わせる

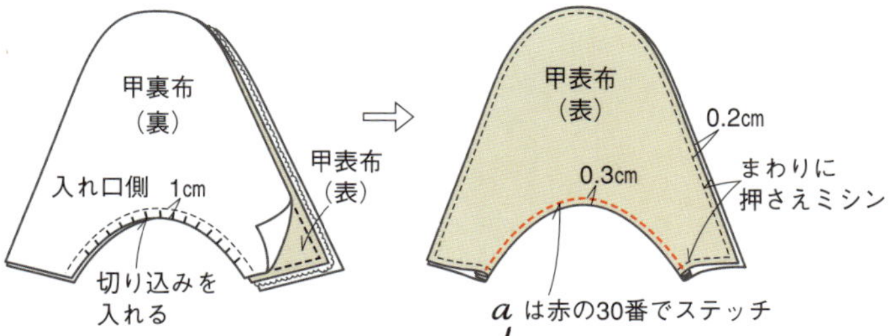

a は赤の30番でステッチ
（*b* はオフ白の30番）

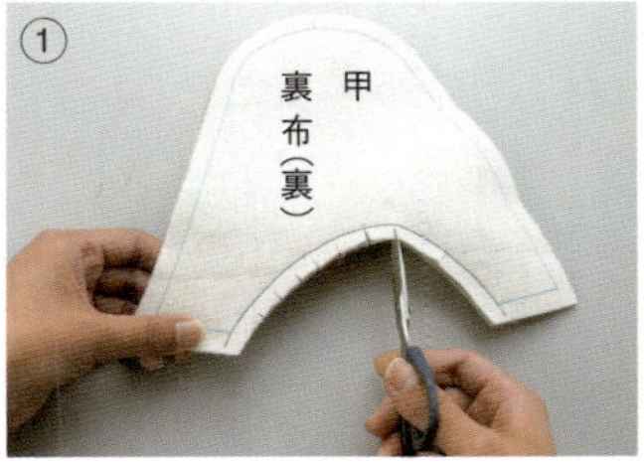

甲表布と甲裏布を中表に合わせて、入れ口側を縫う。縫い代のカーブに切り込みを入れる。

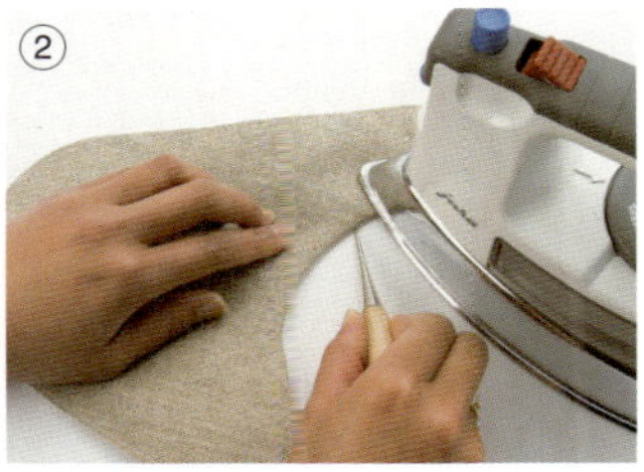

表に返し、目打ちで縫い目を出しながらアイロンを当てて形を整える。

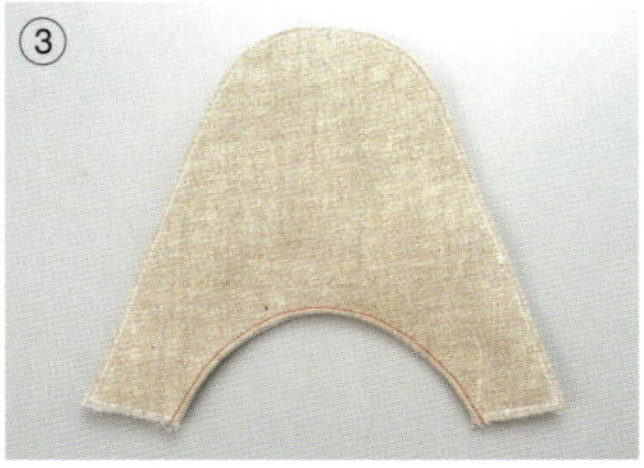

入れ口側に30番の赤でミシンステッチをし（ポイントにするため）、それ以外のまわりは普通の縫い糸で押さえミシン（**3**で縫ったミシン目と同じところに）。

6 甲とかかとを縫い合わせる

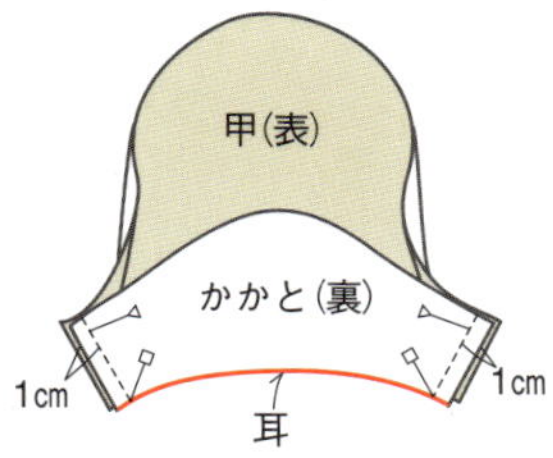

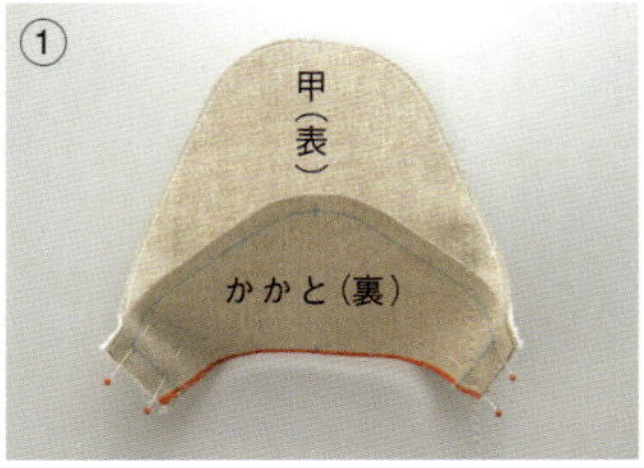

つま先とかかとを合印で中表に合わせ、待ち針でとめる。

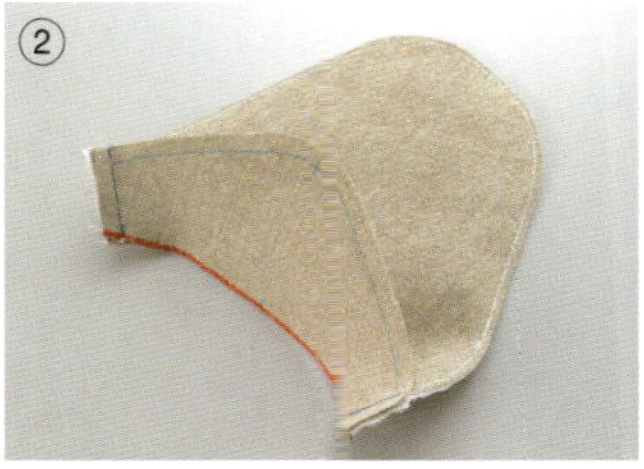

両わきを縫う。

7 外底と6を縫い合わせる

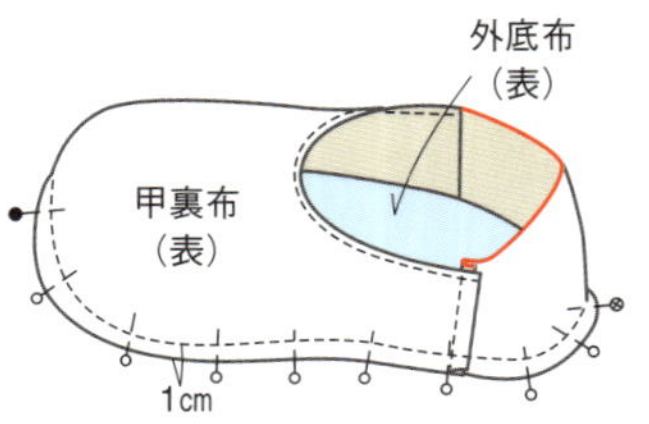

外底と**6**を中表に合わせて、合印を合わせて待ち針を打つ。甲とかかとの縫い代は、かかと側に倒す。

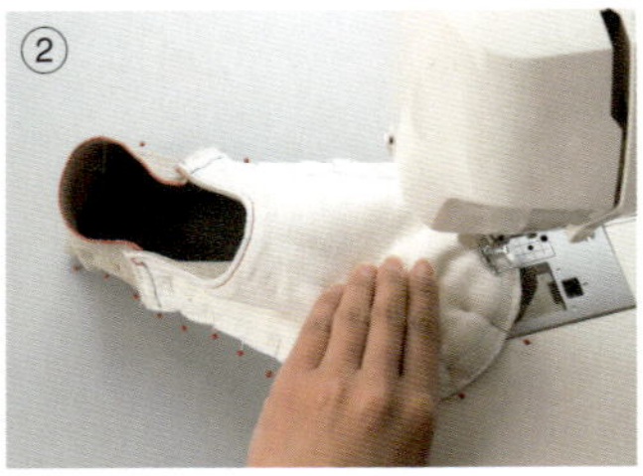

ぐるりと1周縫う。縫い始めはカーブ部分ではなく、まっすぐなところからスタートするとよい。

1周縫ったところ。

8 縫い代を外底にまつりつける

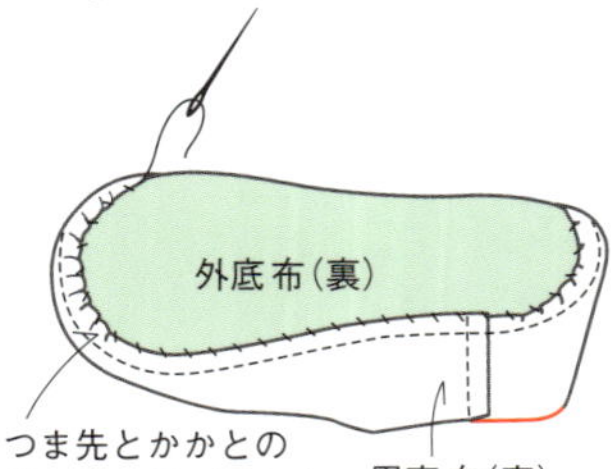

甲とかかとのカーブの縫い代にV字の切り込みを入れる。

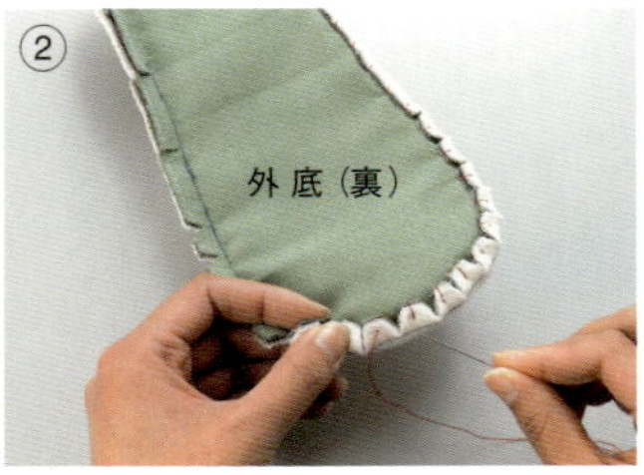

外底に粗くまつりつける。

1周まつったところ。

9 内底をまつりつける

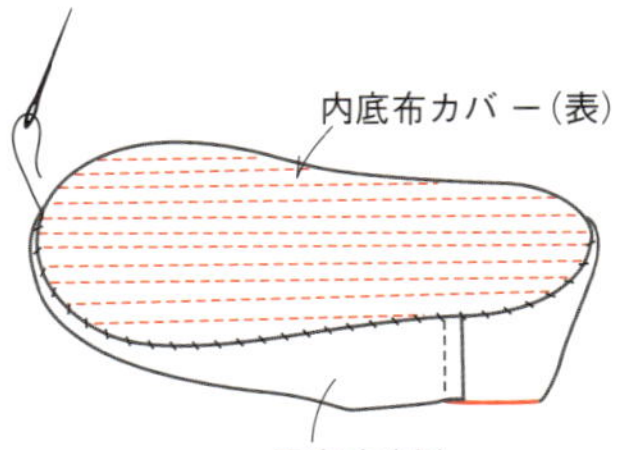

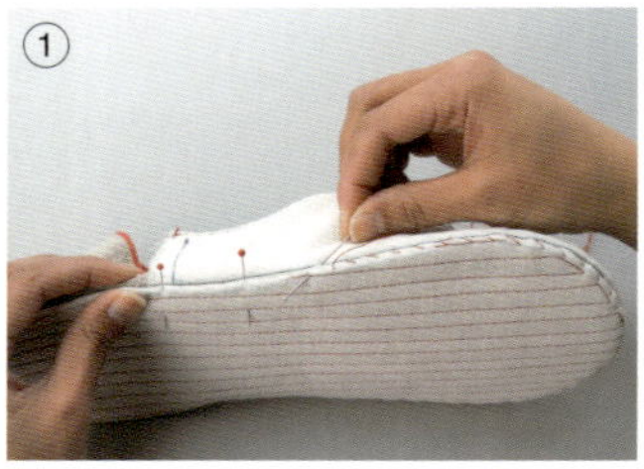

内底を外表にのせて待ち針でとめ、全体をまつる。実際は、内底と同色の糸でまつる。

1周まつったところ。

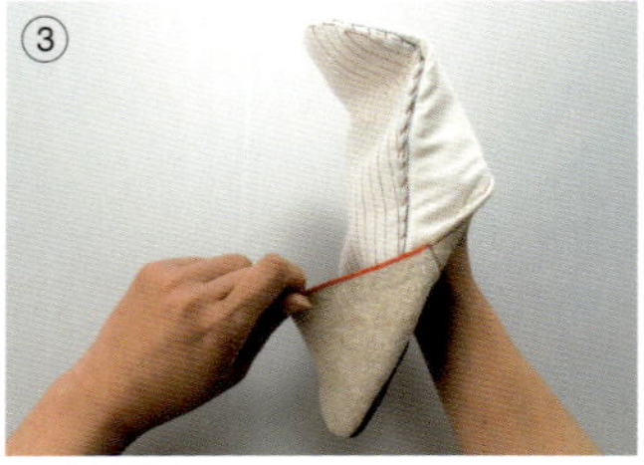

表に返す。まずかかとを返し、片手を甲の方に入れて、ぐるっとひっくり返す。

10 かかとを倒してミシンをかける

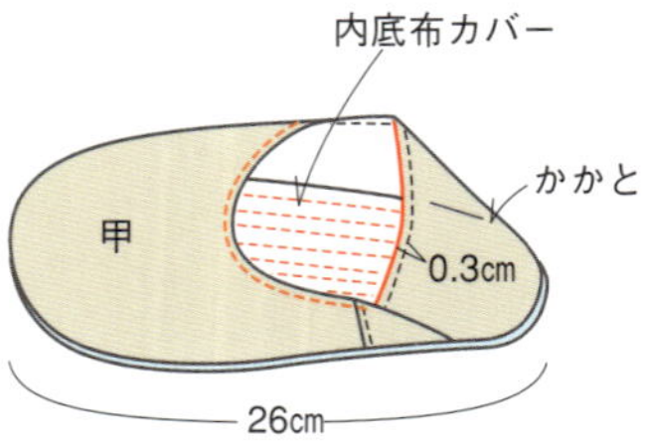

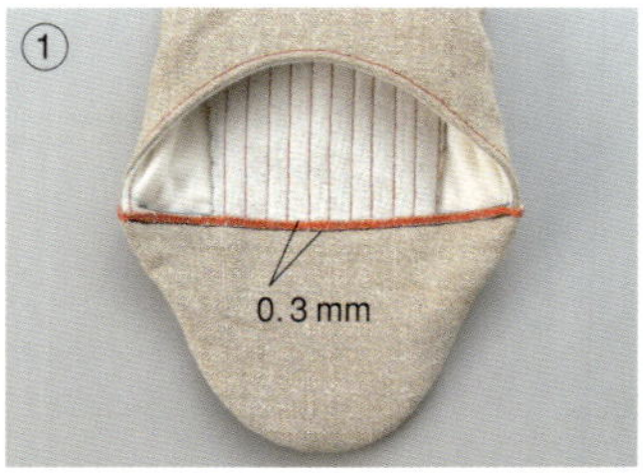

かかとと底の中央を合わせ、かかとを倒して待ち針を打つ。ミシン針を14番にかえ、30番の糸で縫う(何重にもなり、厚くなるので)。

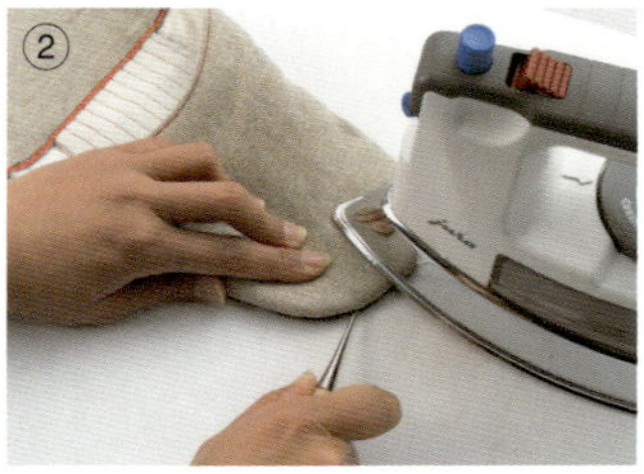

アイロンをかけて形を整える。つま先のカーブなどは、目打ちで縫い目を出しながらアイロンを当てると仕上がりがきれい。

でき上がり。両足分、同時に作業するとよい。

b の材料

表布（甲）：ブラウンのウール地54cm×24cm
表布（かかと）：ボーダー柄のジャージ45cm×14cm
裏布：紺のシーチング54cm×24cm
外底布：紺のデニム33cm×30cm
内底布：厚さ2mmのオフ白のフェルト22cm×27cm
キルト芯：87cm×30cm
接着芯：45cm×14cm
クロバー熱接着両面シート：22cm×27cm
その他：当て布適宜、オフ白の30番ミシン糸

*a*と同様に作るが、
甲と縫い合わせる前に
かかとの端を縫っておく

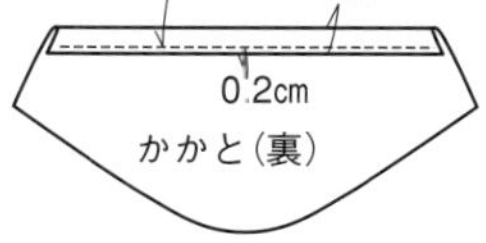

*b*の裁ち合わせ図　・単位はcm

表布、裏布、キルト芯、当て布各1組

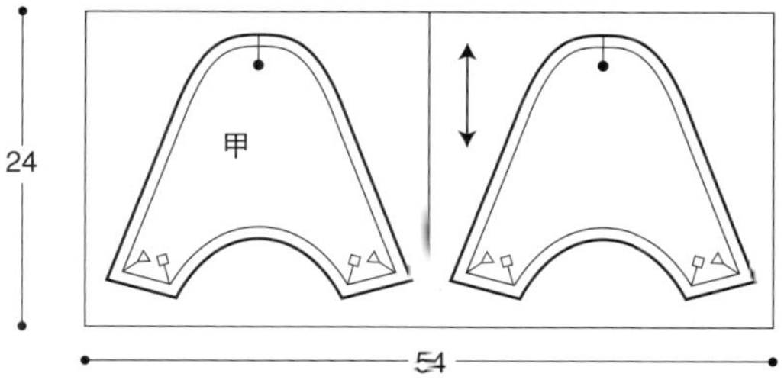

表布、接着芯各1組　裏面に接着芯を貼ってから裁つ

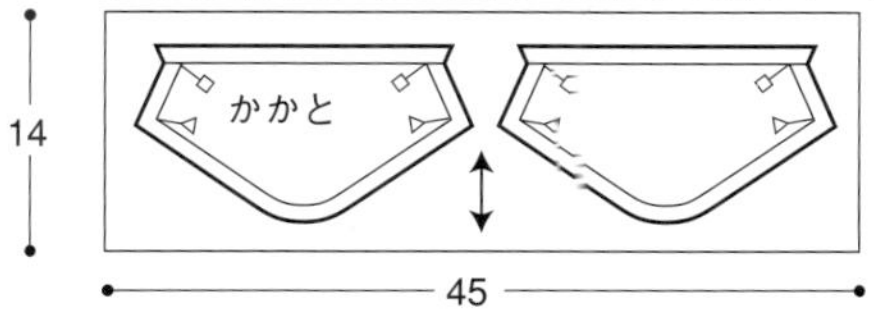

※底の裁ち方はP.28参照

型紙

・200%に拡大

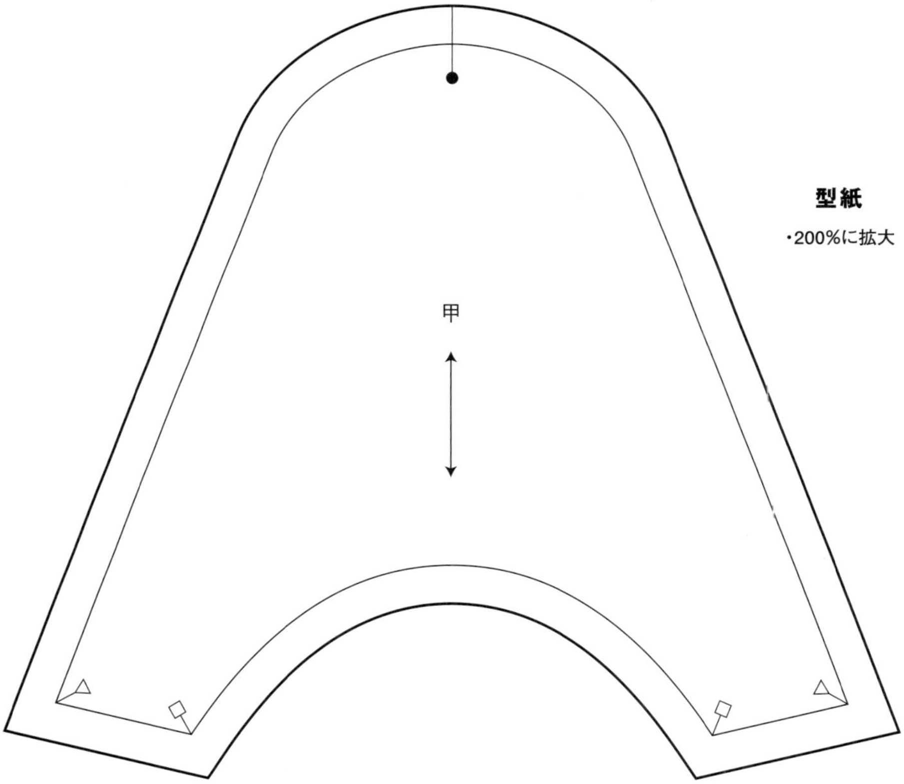

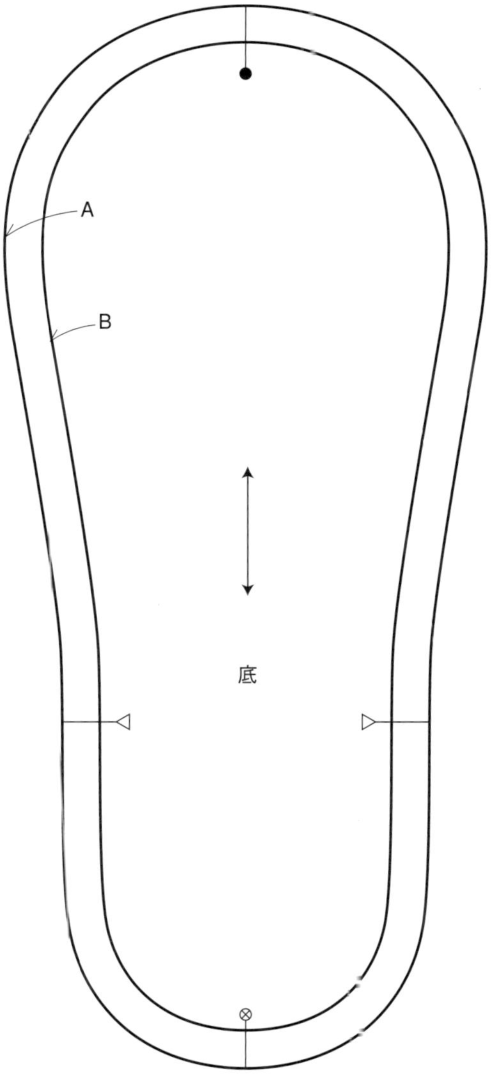

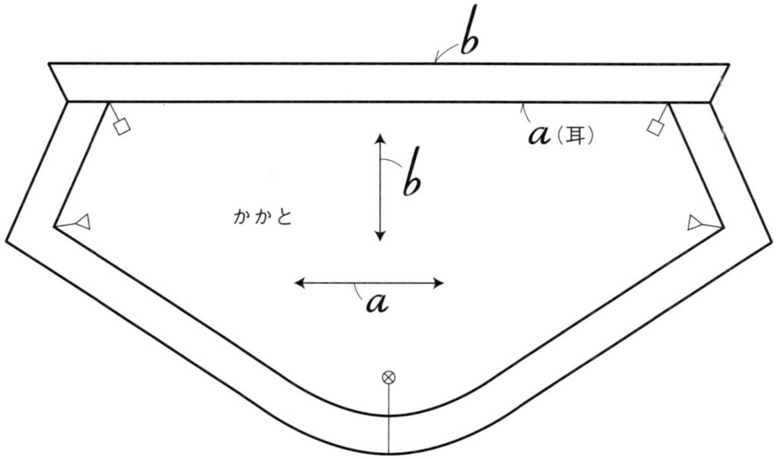

2

スリッポンタイプ

6－7ページ

●**材料**　（　）内は*b*、指定以外は共通
表布：ブラックウォッチ柄のWガーゼ
（グレイのウール地）46cm×32cm
裏布、内底布カバー：赤のシーチング
(赤のギンガムチェック）76cm×32cm
外底布：紺のデニム30cm×31cm
内底布：厚さ2mmのフェルト19cm×26cm
キルト芯：76cm×32cm
クロバー熱接着両面シート：19cm×26cm
その他：当て布適宜
●でき上がり寸法　図参照

裁ち合わせ図　・単位はcm

表布、裏布、キルト芯、当て布各1組

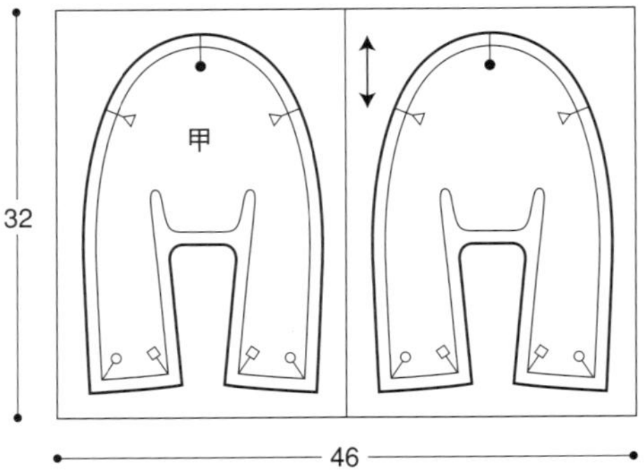

外底布、キルト芯、当て布、
内底布カバー各1組

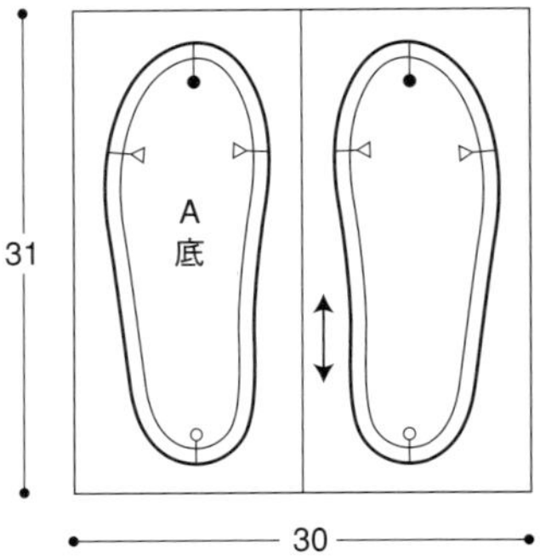

内底布、接着シート各1組

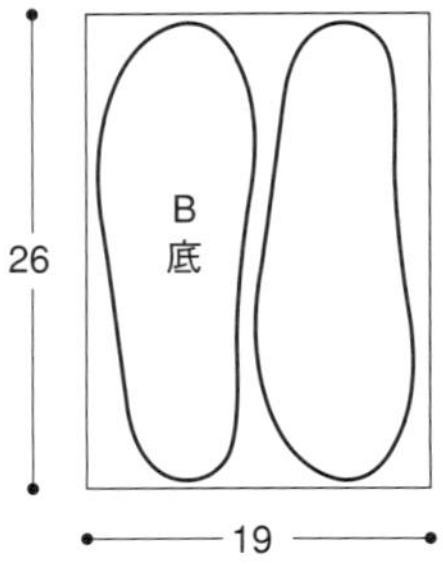

1. 外底を作る

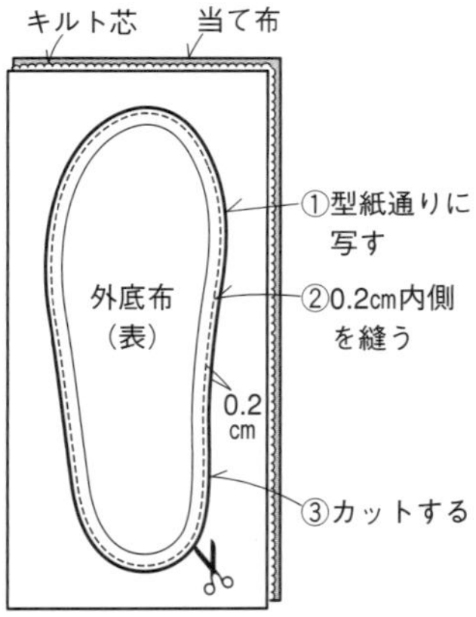

2. 甲表布を**1**と同様に作る

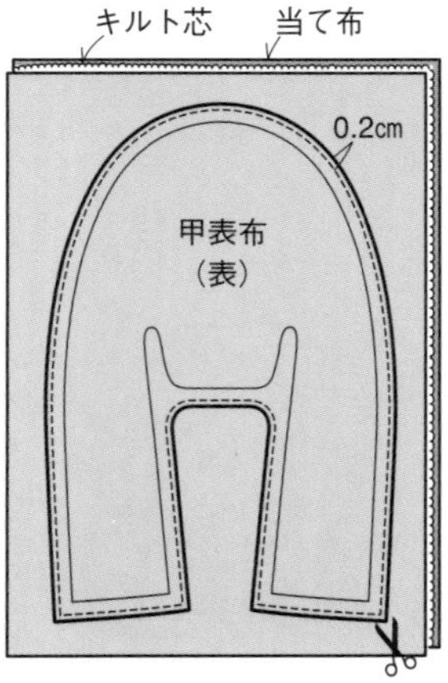

外側のラインで裁つ
内側の細かいラインは
甲裏布に書いておく

3. 内底を作り(P.29参照)、
ステッチをかける

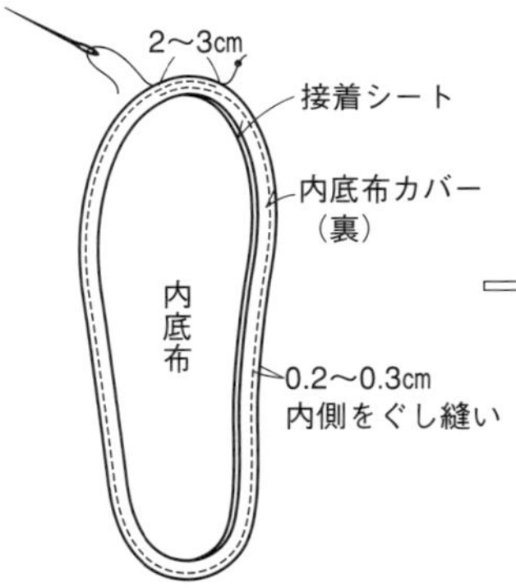

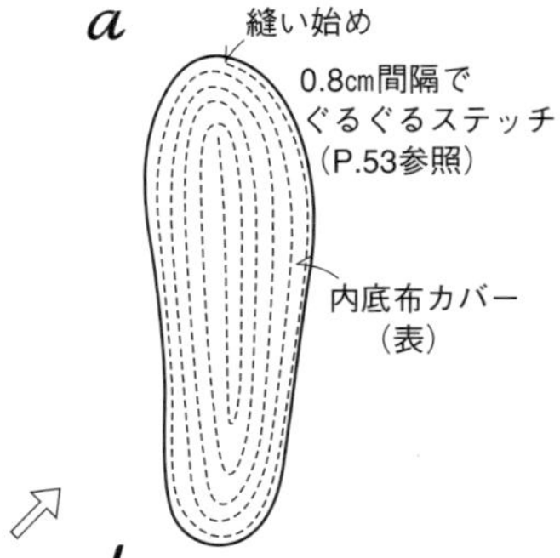

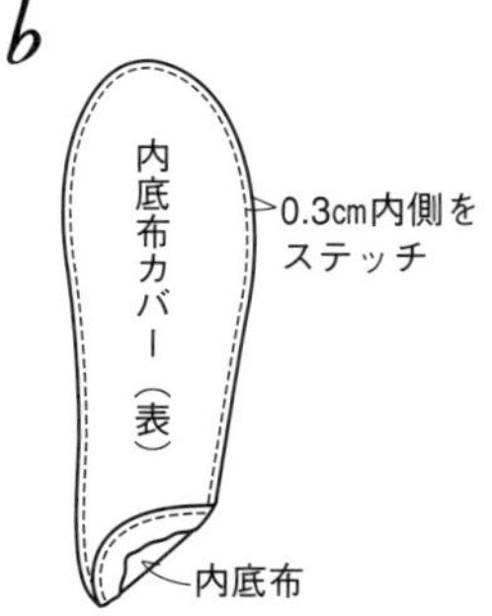

4. 甲表布、甲裏布ともかかとの
合い印を中表に合わせて縫う

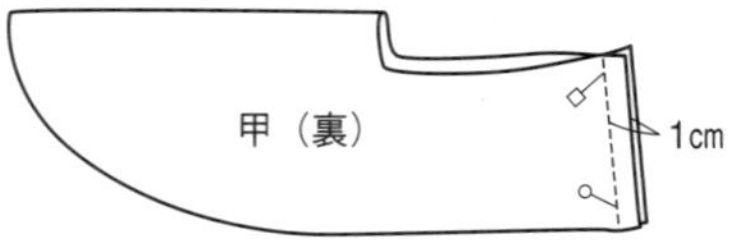

5. 甲表布と甲裏布を中表に合わせ、
型紙の内側のラインに沿って、
入れ口を縫う

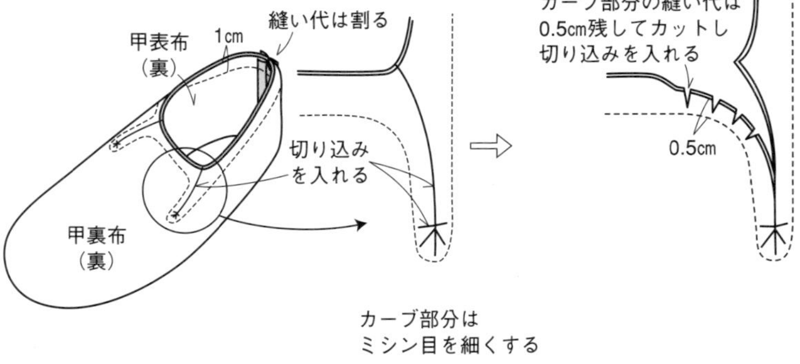

6. 表に返して入れ口と底側に
押さえミシンをかけ、つま先をぐし縫いする

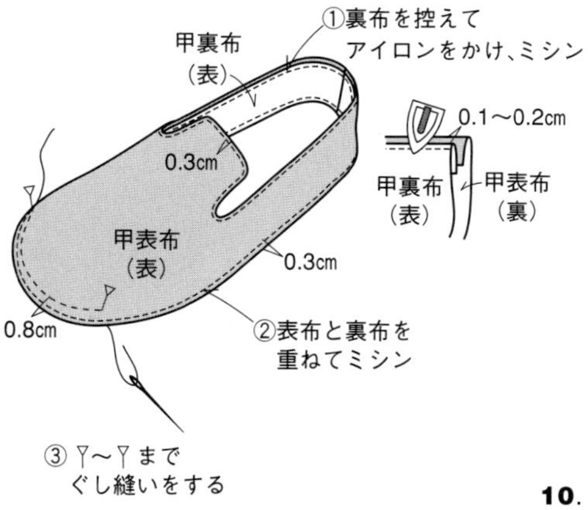

7. **6**のぐし縫いを縮めて外底布と合印で
中表に合わせ、いせ込みながら一周縫う

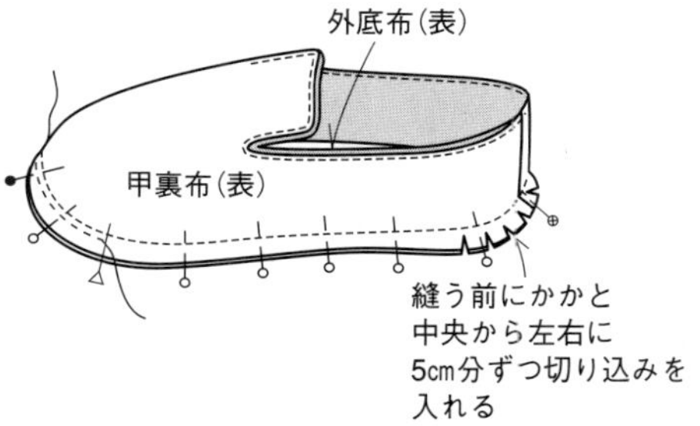

8. 縫い代のカーブに切り込みを入れ、
外底布に粗くまつりつける

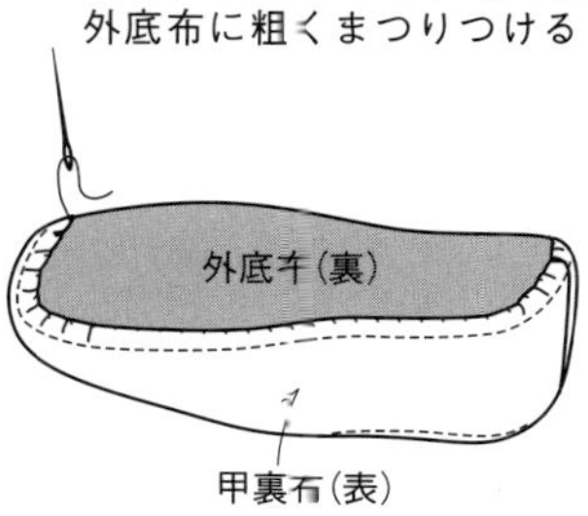

9. 外底の裏に**3**をのせ、
ぐるりと一周まつりつける

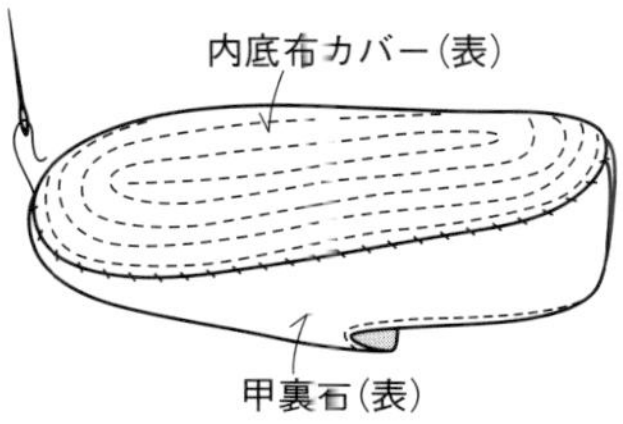

10. 表に返しアイロンをかける

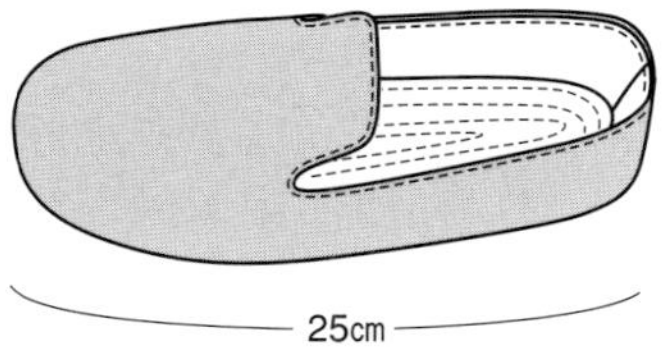

型紙

・200%に拡大

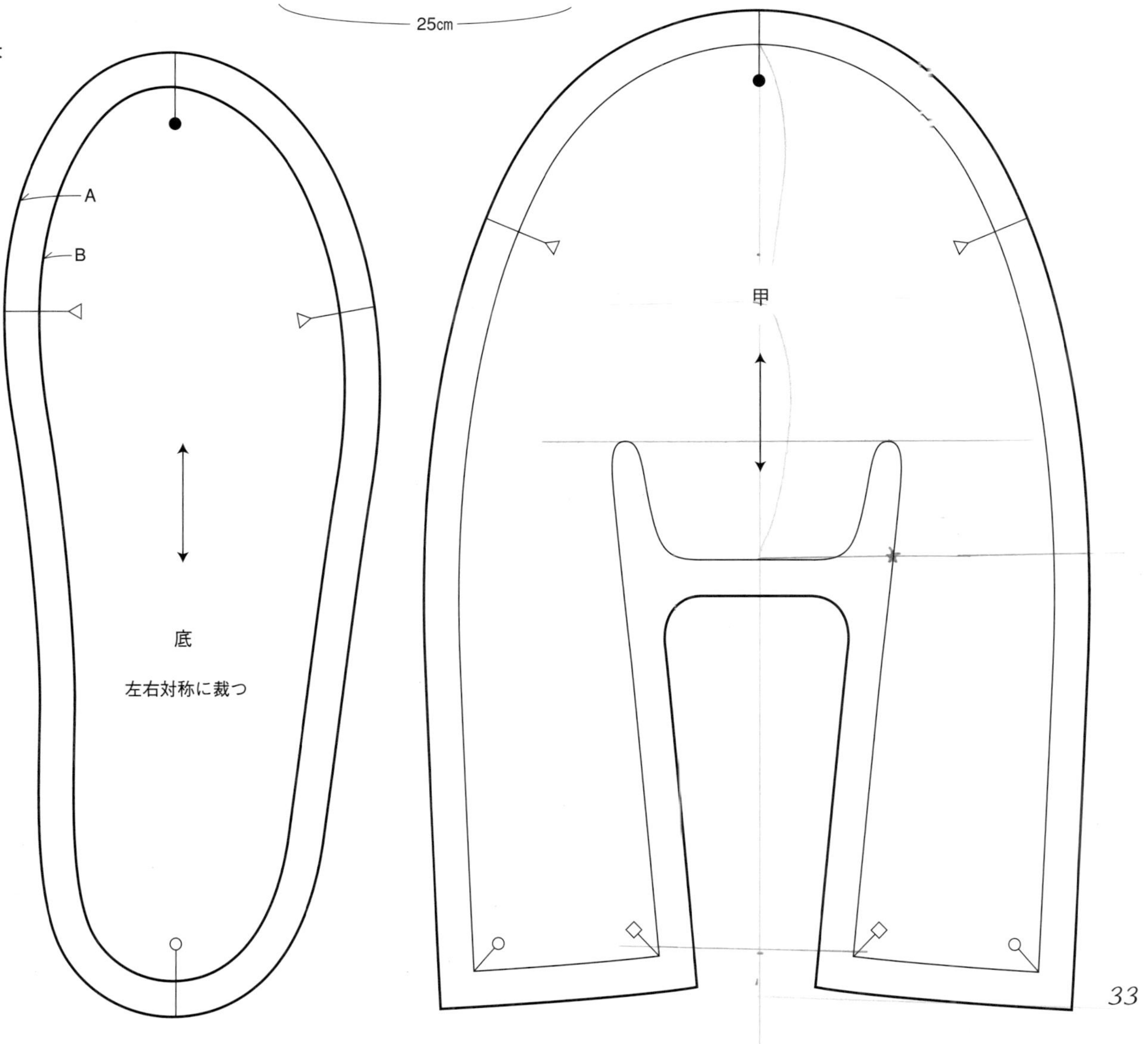

3

ストラップタイプ

8－9ページ

a の材料

表布：茶色のギンガムチェック40cm×38cm
裏布、内底布カバー、外底布：紺のデニム104cm×38cm
内底布：厚さ2mmのフェルト20cm×27cm
キルト芯：72cm×38cm
クロバー熱接着両面シート：20cm×27cm
その他：直径0.7cmの貝ボタン2個、
直径0.9cmのスナップボタン2組、当て布適宜
●でき上がり寸法　図参照

b の材料

表布：ブラウンのデニム44cm×38cm
裏布、内底布カバー：グリーンのストライプ76cm×38cm
外底布：紺色のデニム32cm×32cm
内底布：厚さ2mmのフェルト20cm×27cm
キルト芯：72cm×38cm
クロバー熱接着両面シート：20cm×27cm
その他：直径0.7cmの貝ボタン2個、
直径0.9cmのスナップボタン2組、当て布適宜
●でき上がり寸法　図参照

裁ち合わせ図　・単位はcm

表布、裏布、キルト芯、当て布各1組

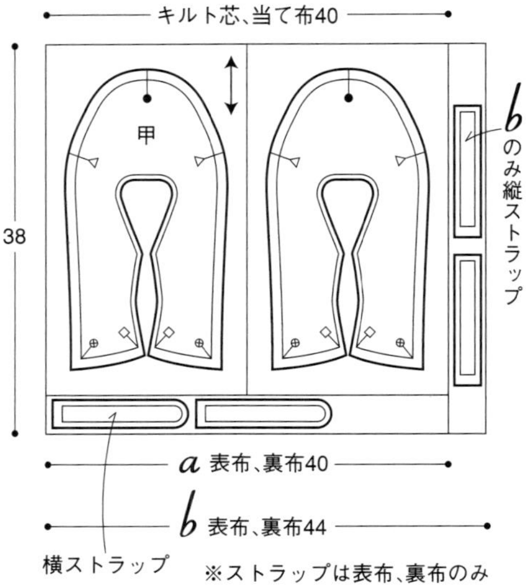

外底布、キルト芯、当て布、
内底布カバー各1組

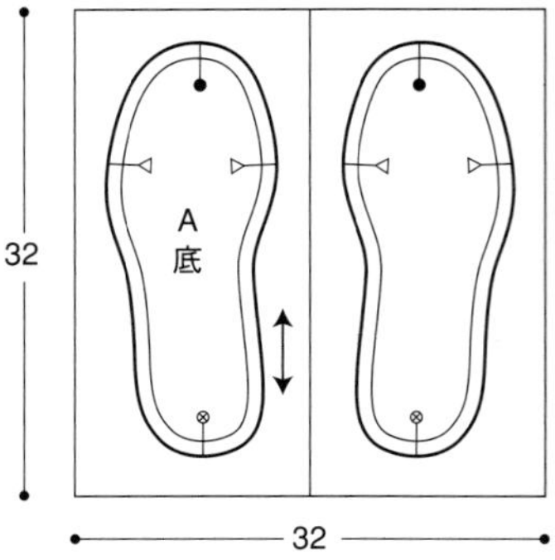

内底布、接着シート各1組

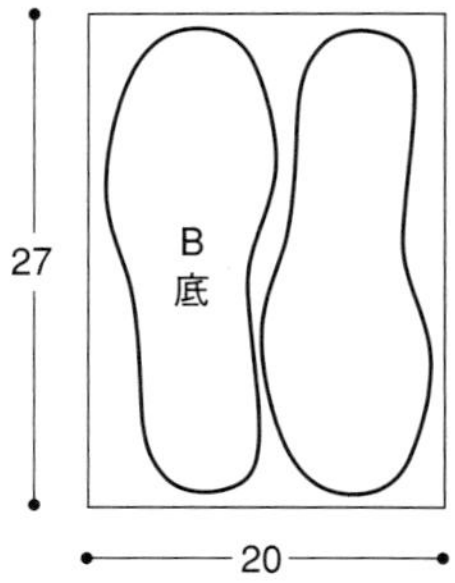

1. 外底を作る

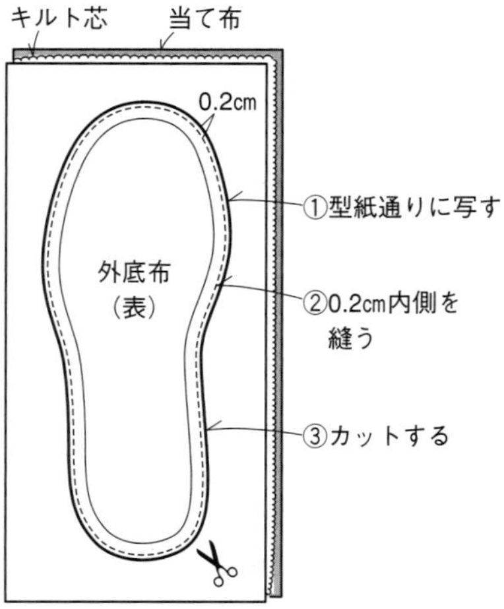

2. 甲表布を**1**と同様に作る

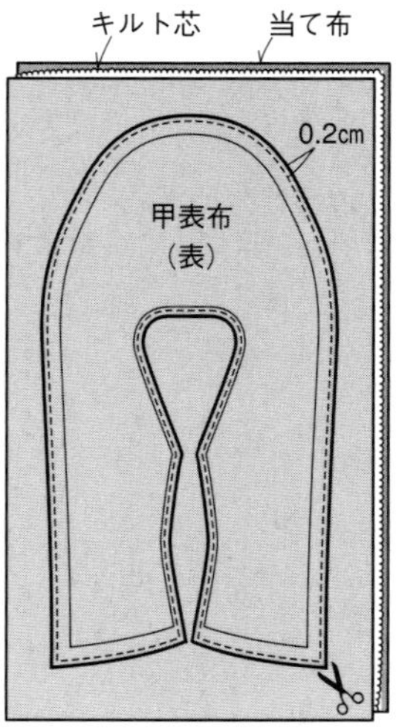

3. 内底を作り（P.29参照）、
ステッチをかける

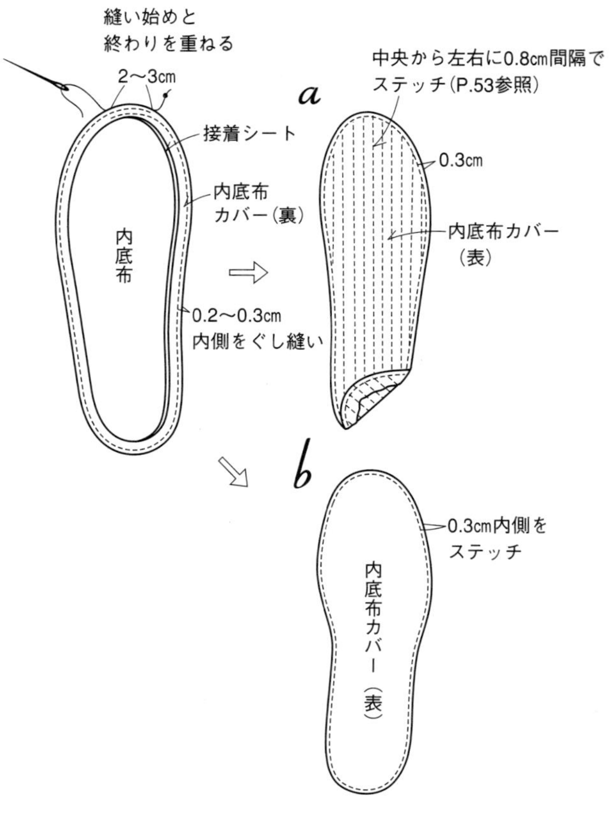

4. ストラップの表布と裏布を中表に縫い、表に返す(P.27参照)

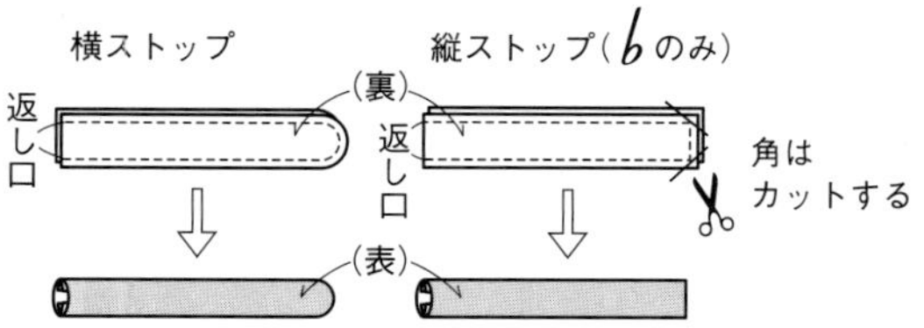

5. 甲表布、甲裏布ともかかとの合印を中表に合わせて縫う

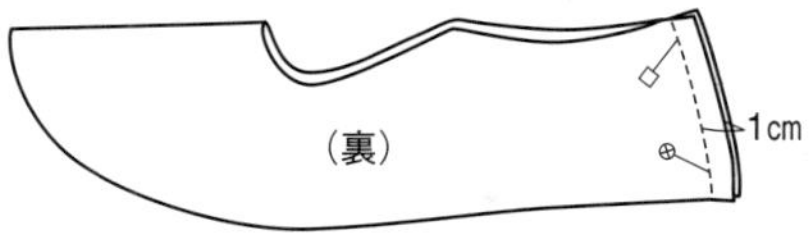

6. 表布にストラップをつける

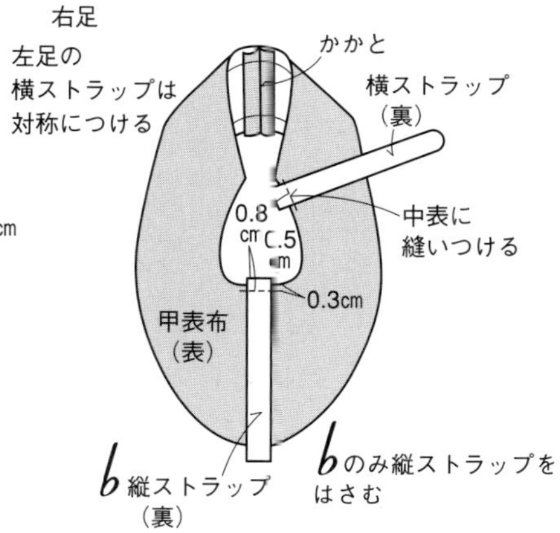

7. 甲表布と甲裏布を中表に合わせ、入れ口を縫う

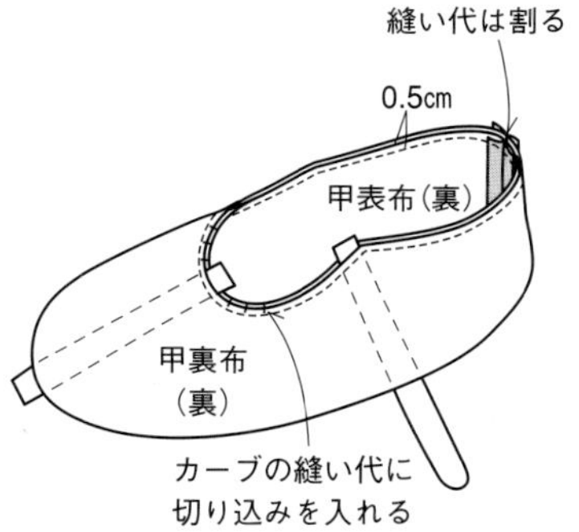

8. 表に返して入れ口と底側に押さえミシンをかけ、つま先をぐし縫いする

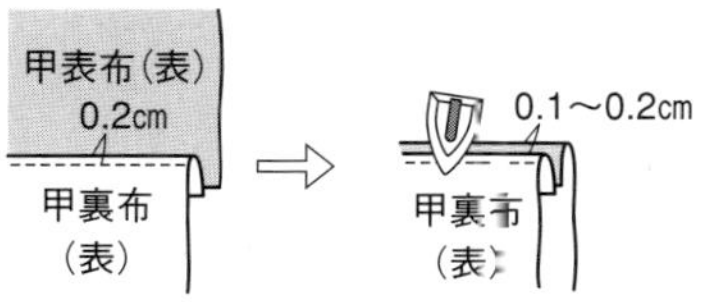

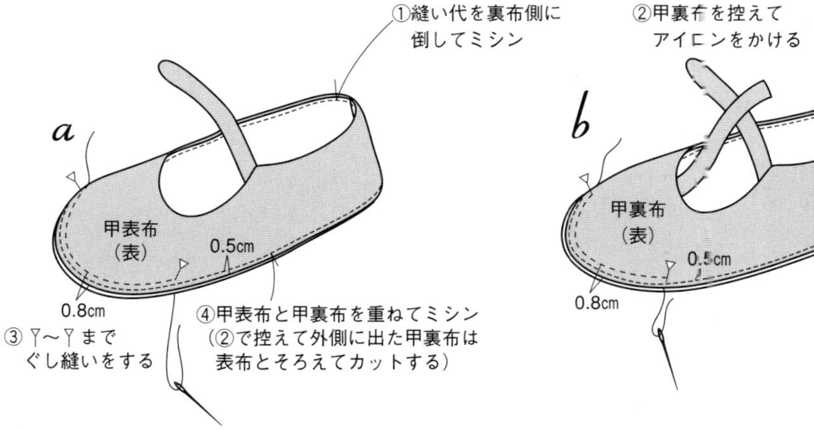

9. **8**のぐし縫いの糸を縮めて外底布と合印で中表に合わせ、いせ込みながら一周縫う

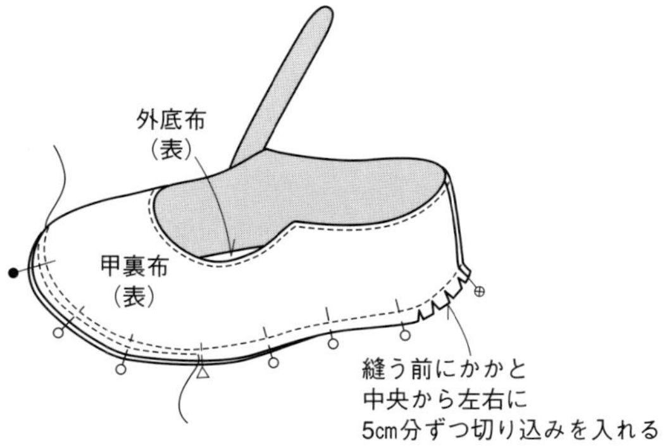

10. 縫い代のカーブに切り込みを入れ、外底布に粗くまつりつける

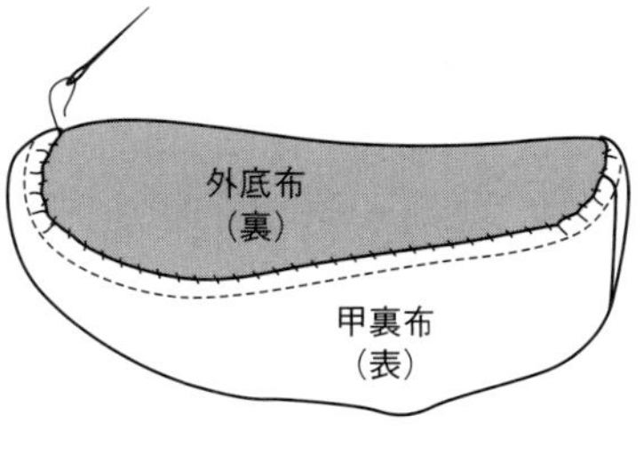

11. 外底の裏に**3**をのせ、ぐるりと一周まつりつける

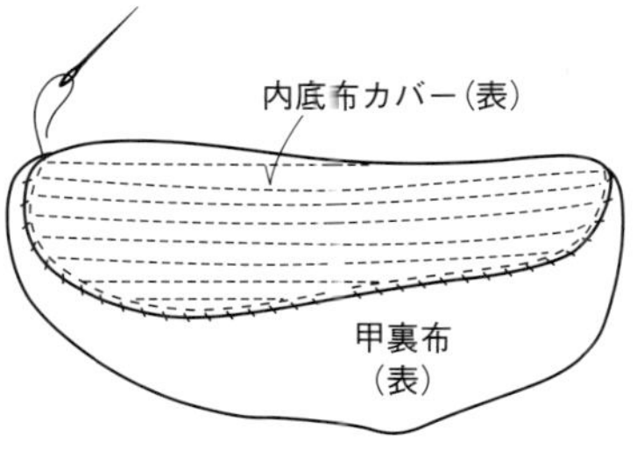

12. 表に返してアイロンをかける。
ボタンとスナップボタンをつけ、
*b*は縦ストラップの始末をする

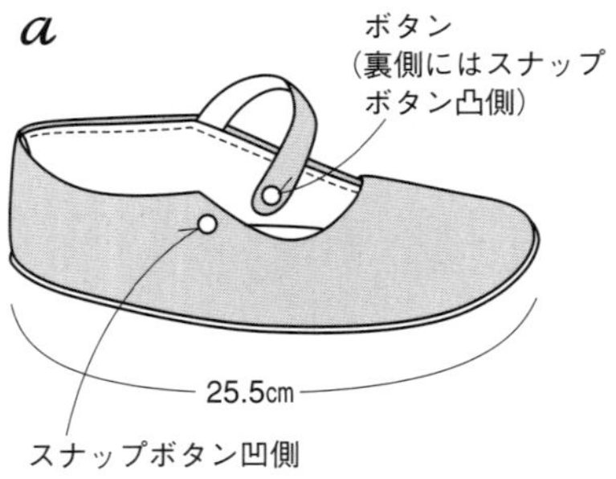

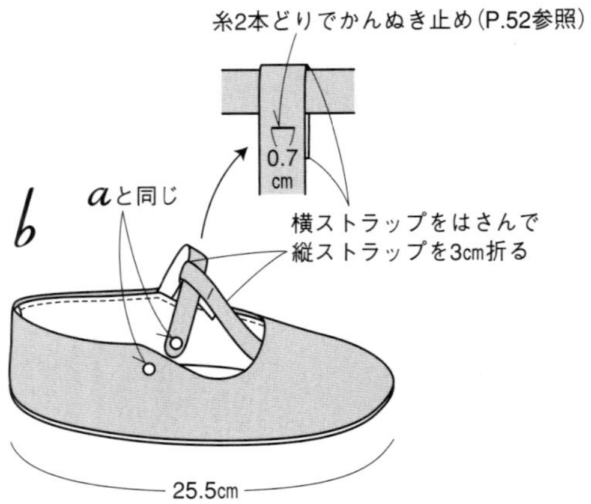

型紙
・200%に拡大

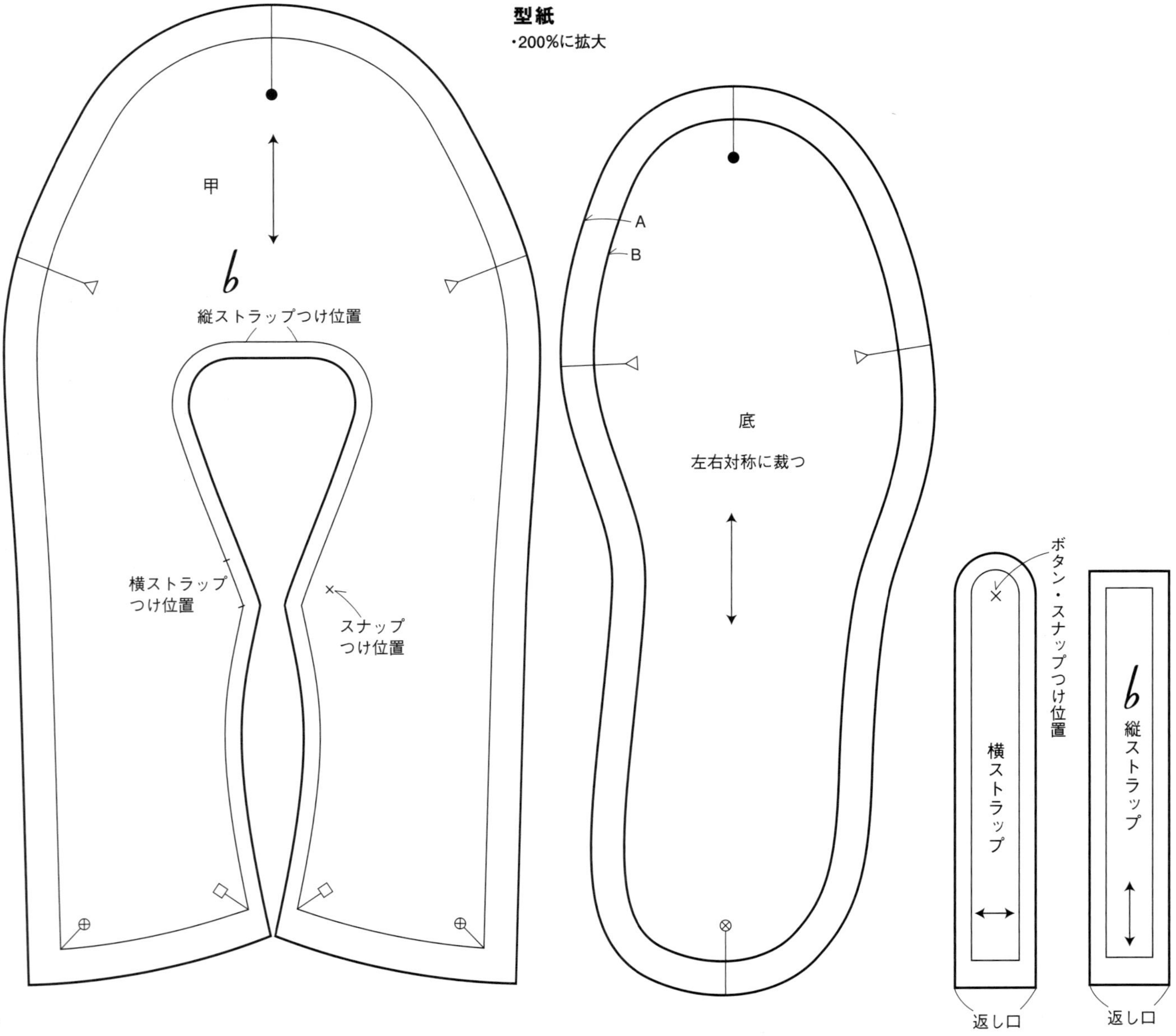

4

バレエシューズタイプ＋巾着袋

10－11ページ

●材料
表布：水色のリネン48cm×65cm
裏布、内底布カバー：花柄の木綿78cm×65cm
パイピング布、ひも通し布：紫のリネン31cm×43cm
外底布：紺のデニム30cm×32cm
内底布：厚さ2mmのフェルト18cm×26cm
キルト芯：78cm×33cm
クロバー熱接着両面シート：18cm×26cm
その他：太さ0.1cmのこげ茶のコード150cm、
幅0.5cmのゴムテープ40cm、当て布適宜
●でき上がり寸法　図参照

裁ち合わせ図 ・単位はcm

表布、裏布、キルト芯、当て布各1組

外底布、キルト芯、当て布、
内底布カバー各1組

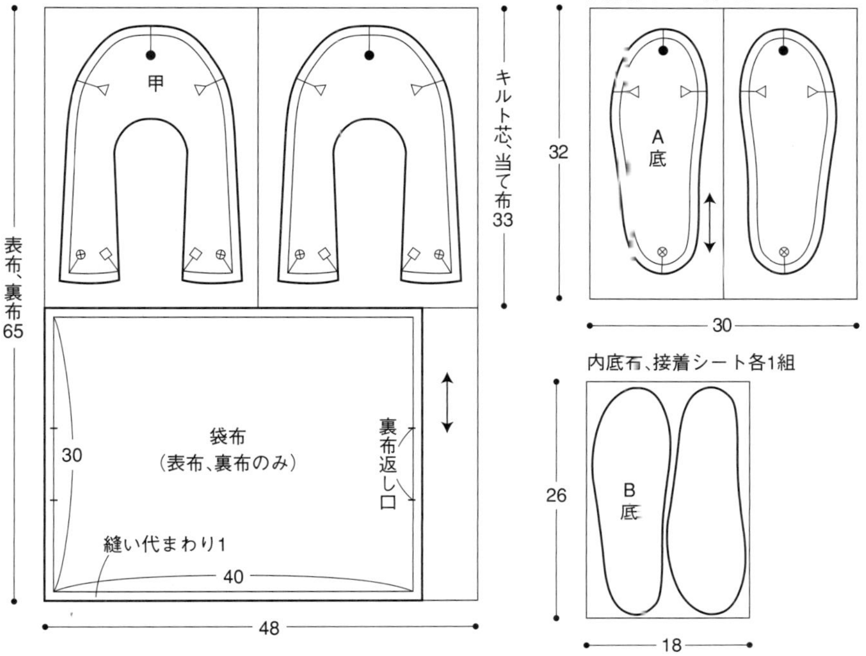

ルームシューズ

1. 外底を作る

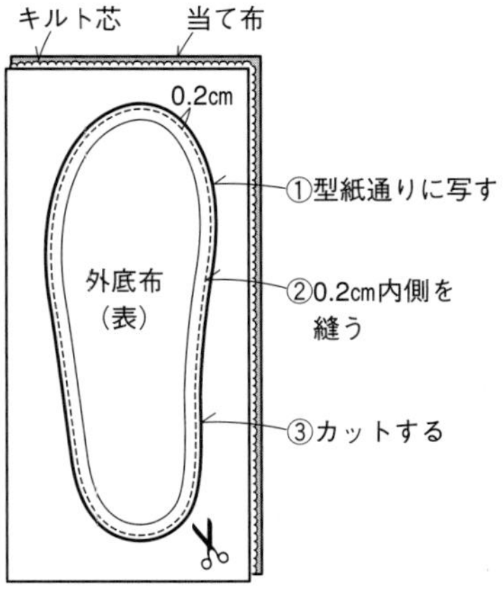

2. 甲表布を**1**と同様に作る

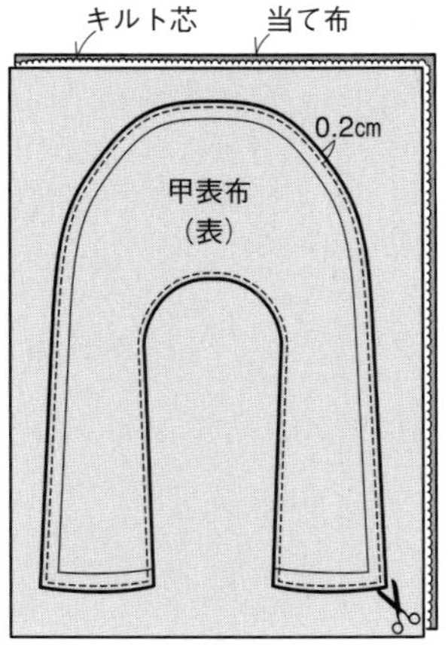

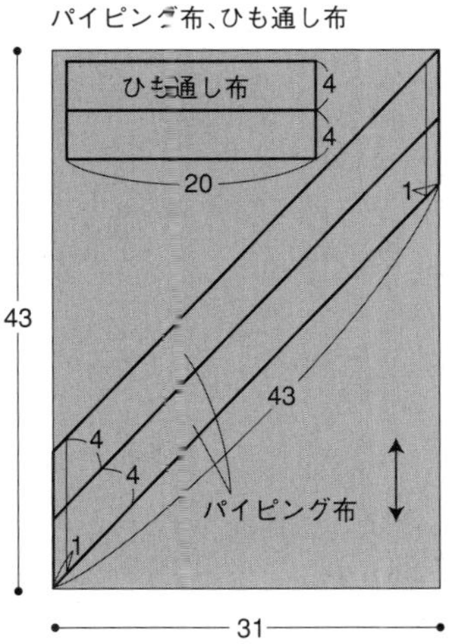

3. 内底を作り（P.29参照）、
ステッチをかける

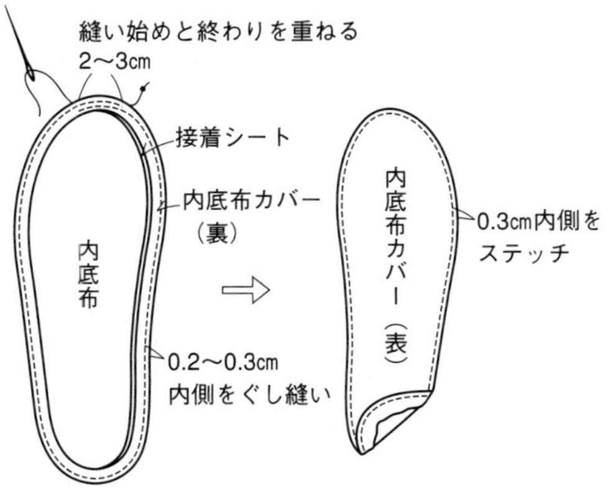

4. 甲表布、甲裏布ともかかとの
合印を中表に合わせて縫う

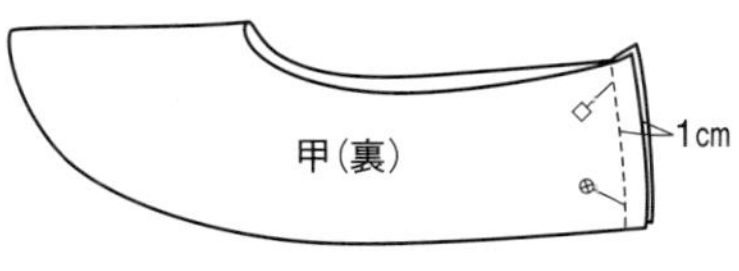

5. 甲表布と甲裏布を外表に合わせ、
入れ口と底側にそれぞれ押さえミシン

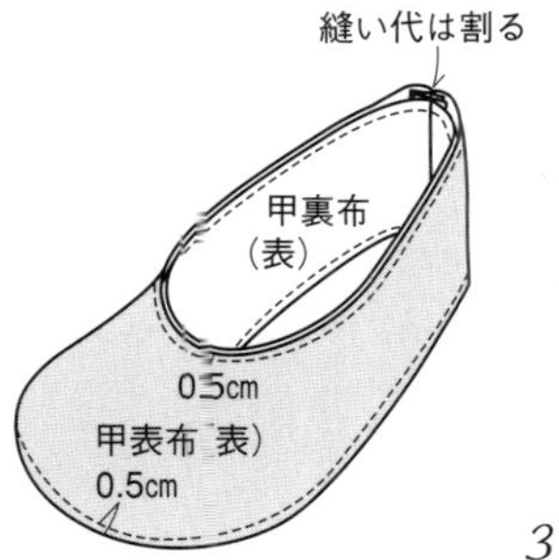

6. パイピング布を輪に縫う

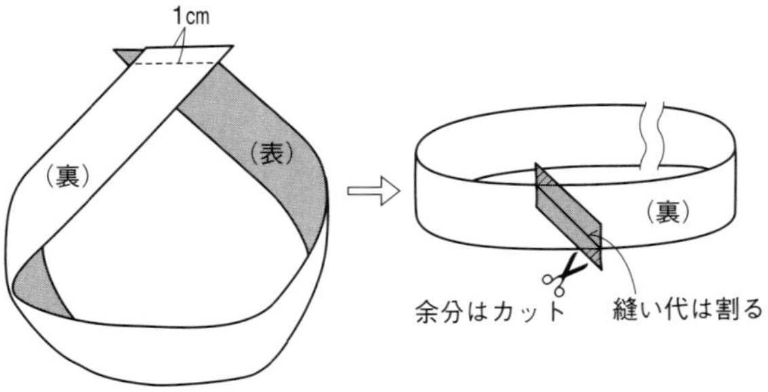

7. 入れ口にパイピング布を縫いつけ、
つま先をぐし縫いする

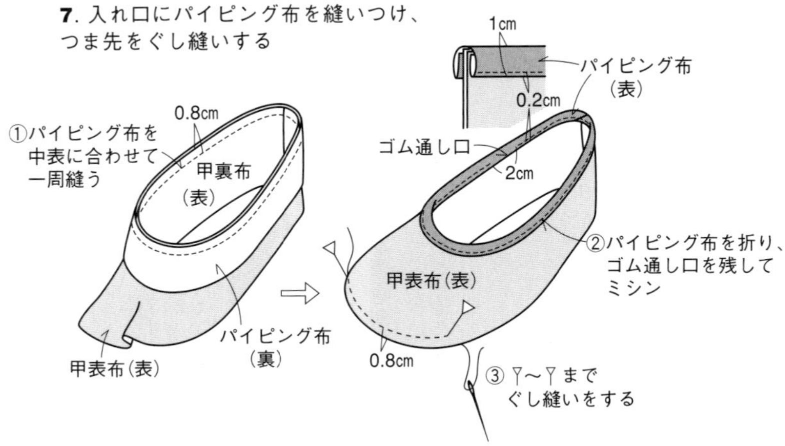

8. **7**のぐし縫いを縮め、外底布と合印で中表に
合わせ、いせ込みながら一周縫う。

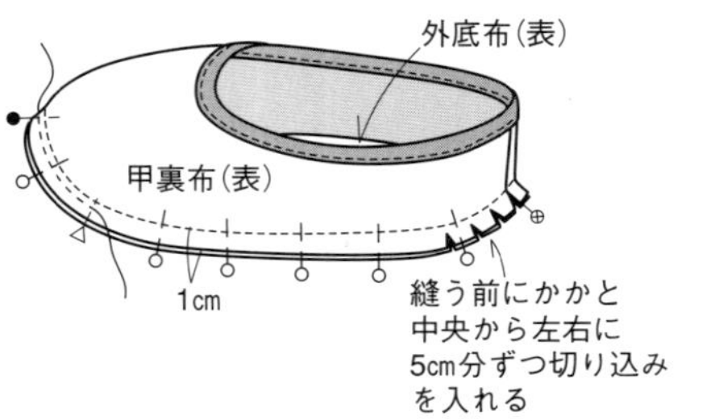

9. 縫い代のカーブに切り込みを入れ、
外底布に粗くまつりつける

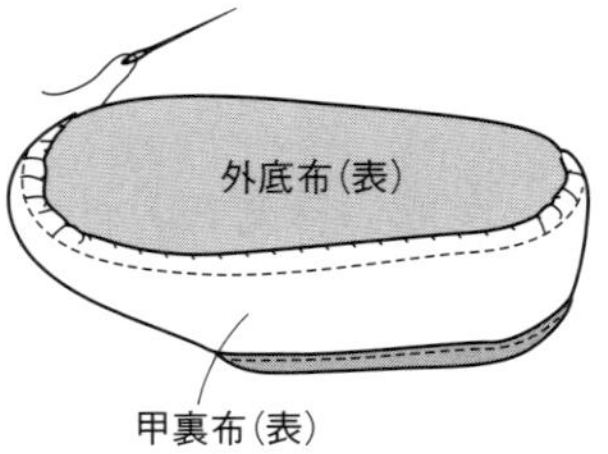

10. 外底の裏に**3**を外表にのせ、
ぐるりと一周まつりつける

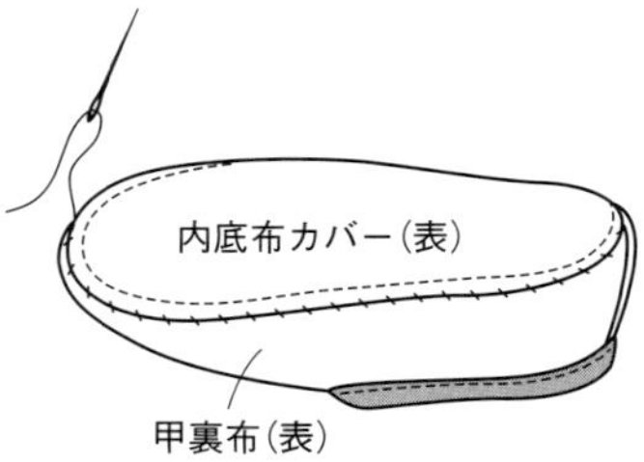

11. 表に返してアイロンをかけ、
ゴムテープを通し、前中央にコードを
縫いつける

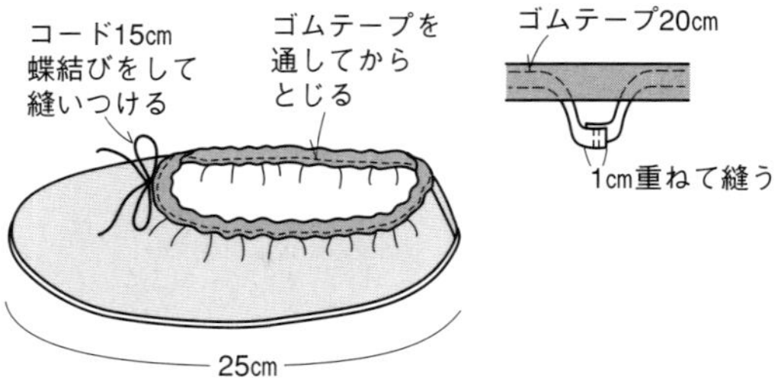

巾着袋

1. ひも通し布の両端を折って縫い、
半分に折ってミシン

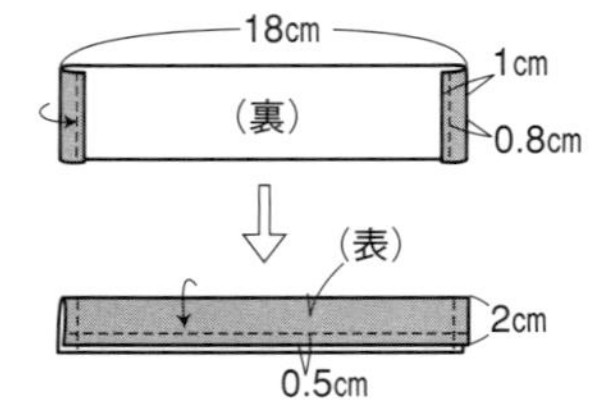

2. 表布にひも通し布を縫いつけ、
裏布を中表に合わせて入れ口側を縫う

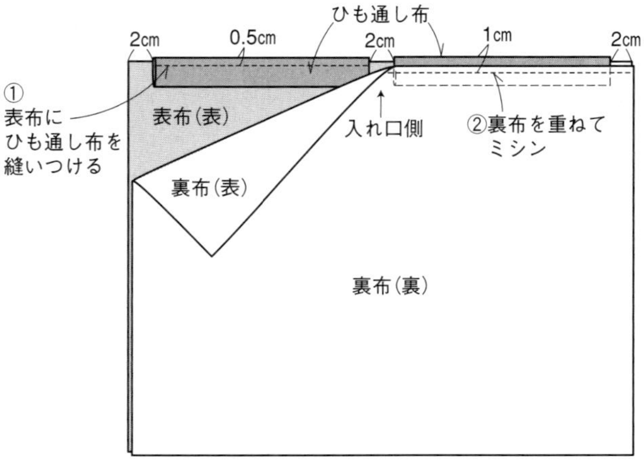

3. 袋布を図のようにたたみかえ、
返し口を残してわきを縫う

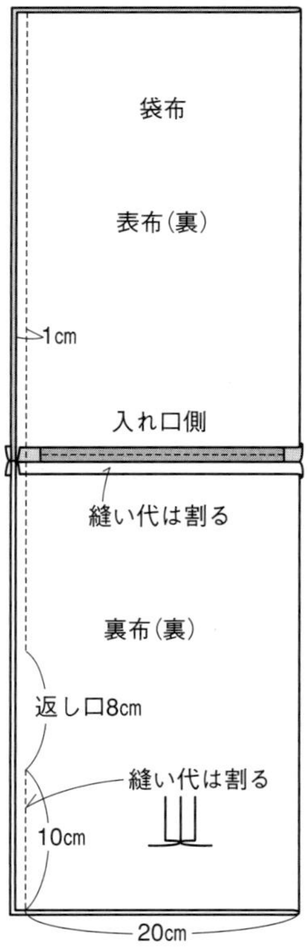

4. 入れ口側で二つ折りにし、
底を全部一緒に重ねて縫う

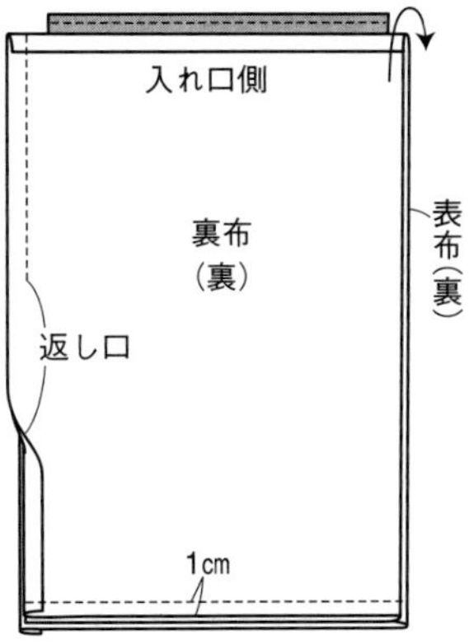

5. 返し口から裏布側の
表に返し、返し口をとじる

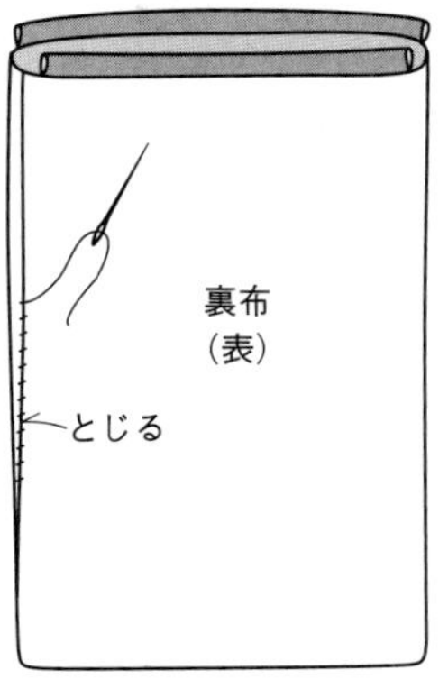

6. 表に返し、ひも通し口に
コードを両側から通す

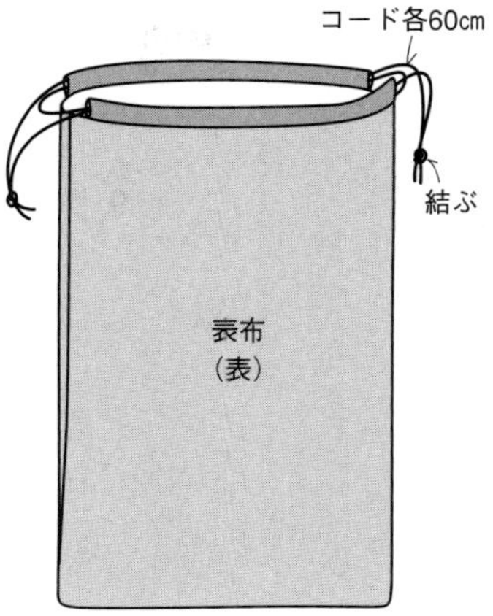

型紙
・200%に拡大

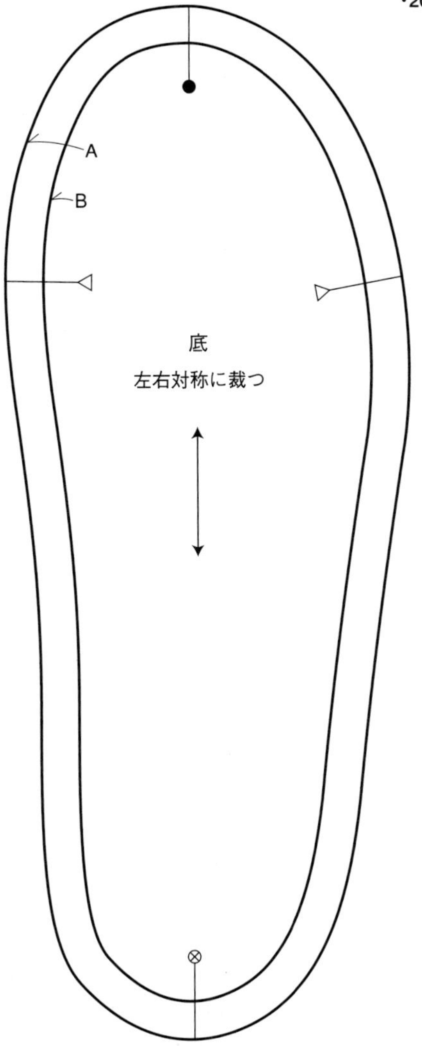

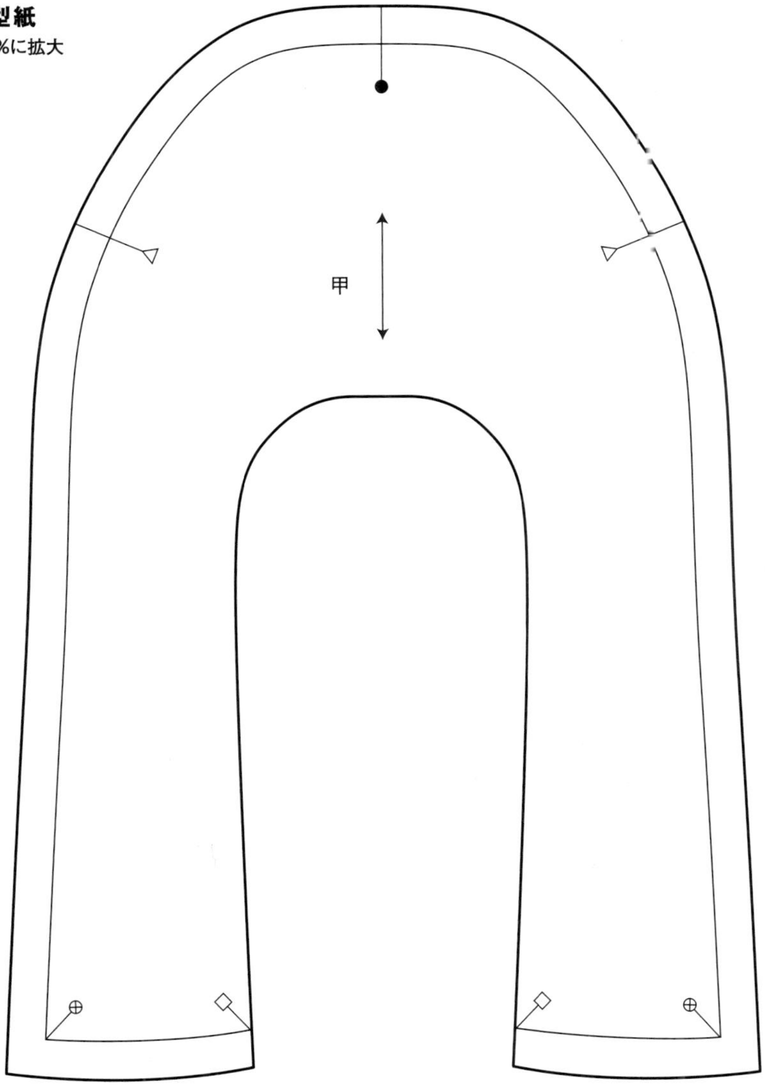

5

スクエアトゥタイプ

12－13ページ

a の材料

表布、外底布：ブルーのデニム80cm×32cm
裏布、内底布カバー：花柄の木綿80cm×32cm
内底布：厚さ2mmのフェルト18cm×26cm
キルト芯：77cm×32cm
クロバー熱接着両面シート：18cm×26cm
その他：直径0.7cmの貝ボタン2個、
直径0.9cmのスナップボタン2組、当て布適宜
●でき上がり寸法　図参照

b の材料

表布：リネンキャンバス46cm×32cm
裏布、内底布カバー：紺に白の水玉70cm×32cm
外底布：紺のデニム30cm×31cm
内底布：厚さ2mmのフェルト18cm×26cm
キルト芯：76cm×32cm
クロバー熱接着両面シート：18cm×26cm
その他：幅0.3cmのこげ茶色のスウェードテープ72cm、
当て布適宜
●でき上がり寸法　図参照

裁ち合わせ図　・単位はcm

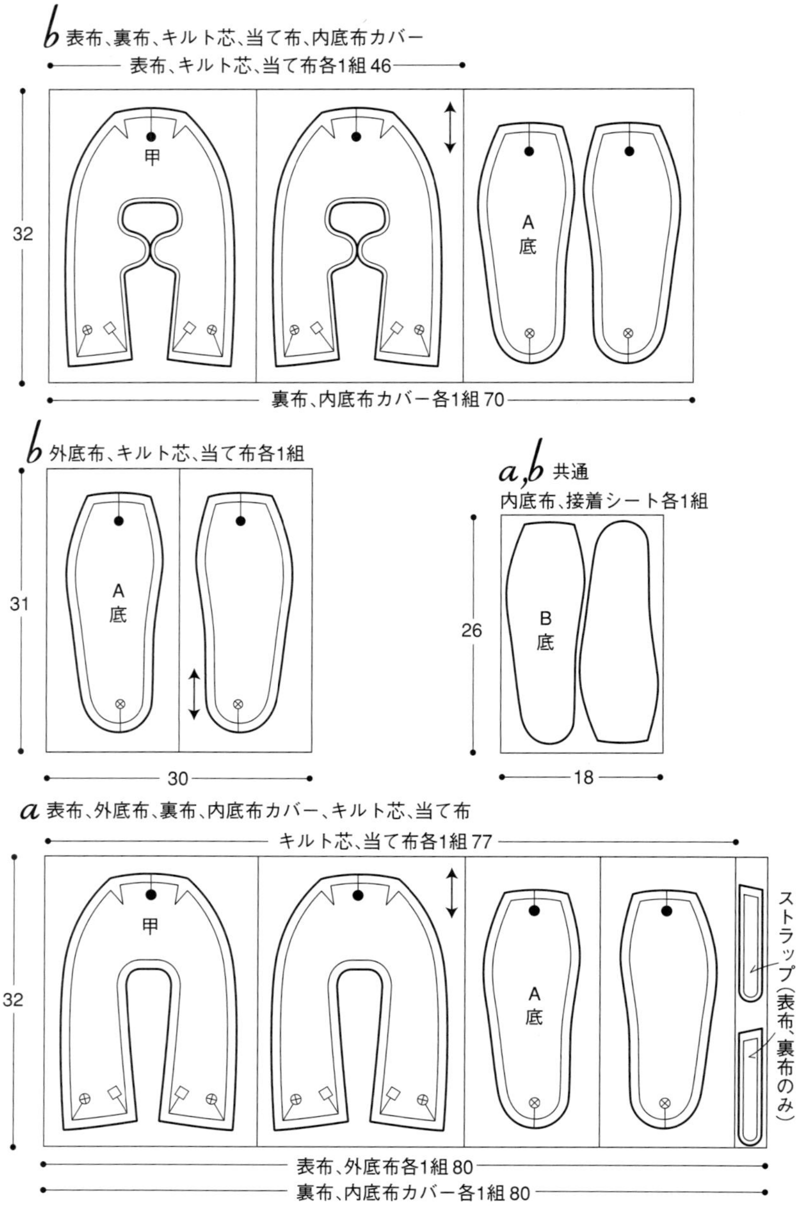

1. 外底を作る

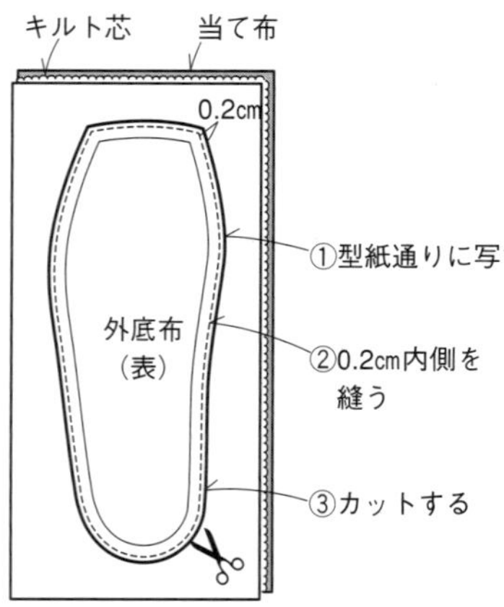

2. 甲表布を**1**と同様に作る

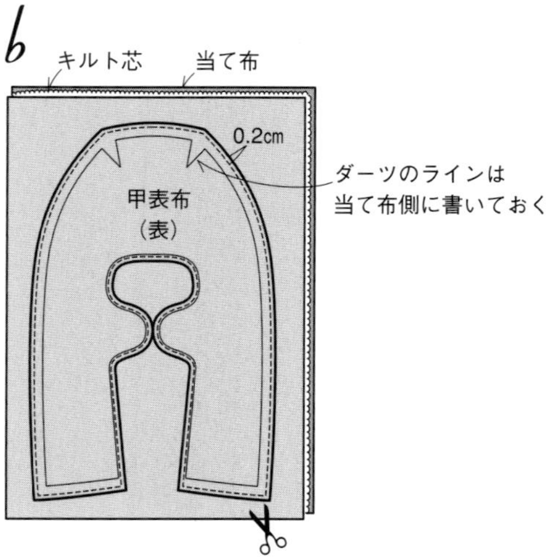

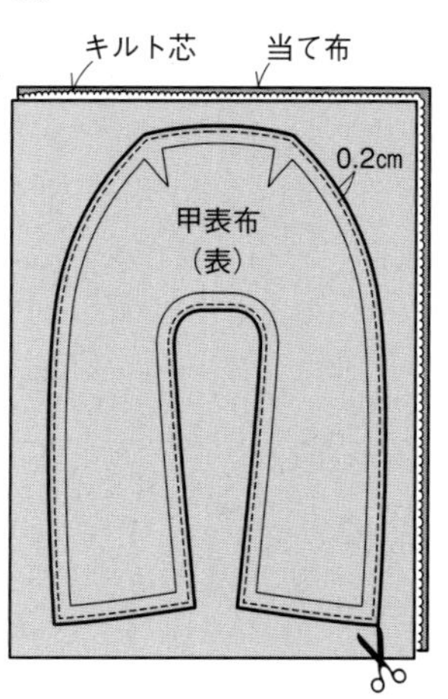

3. 内底布カバーをぐし縫いし、接着シートと
内底布を貼り、ステッチをかける

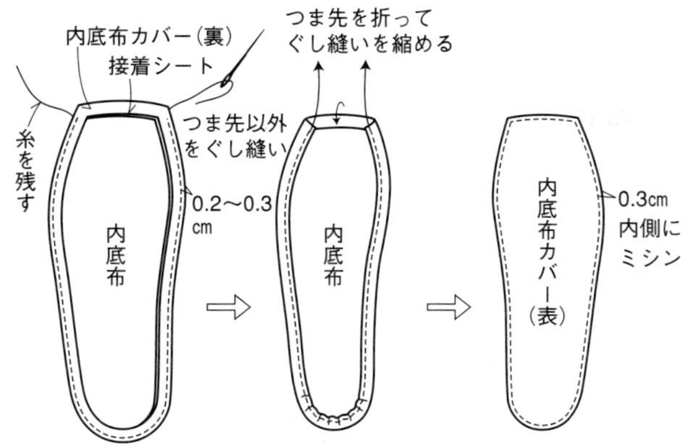

4. 甲表布、甲裏布ともダーツを
中表に折って縫う

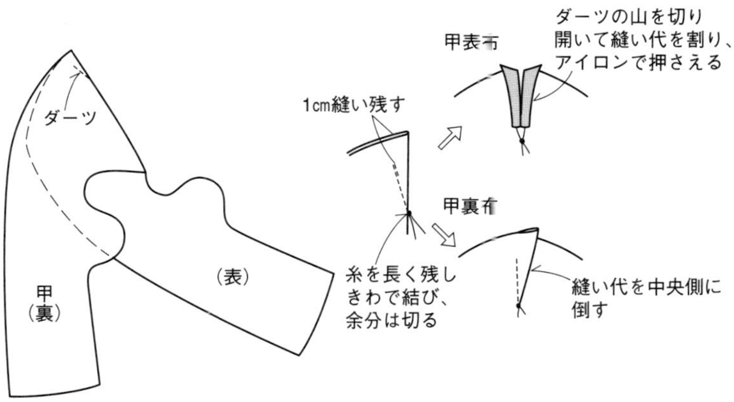

5. 甲表布、甲裏布ともかかとの
合印を中表に合わせて縫う

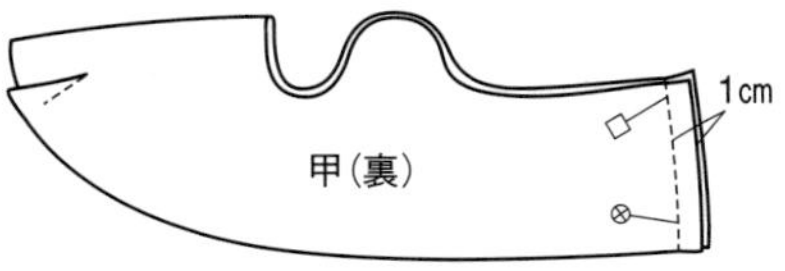

6. 甲表布と甲裏布を中表に合わせ、
*a*はストラップ、*b*はテープをはさみ、
入れ口を縫う

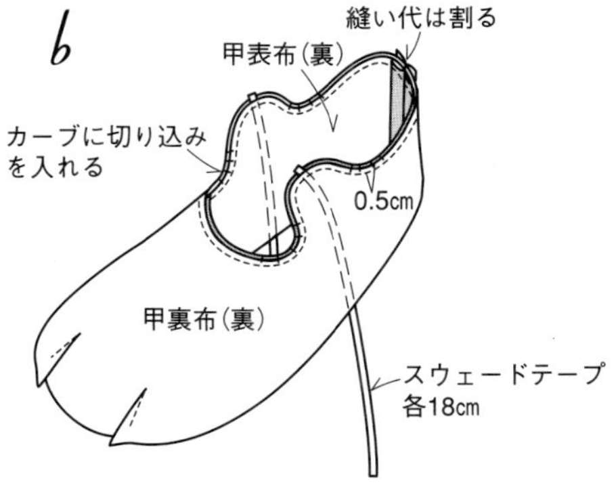

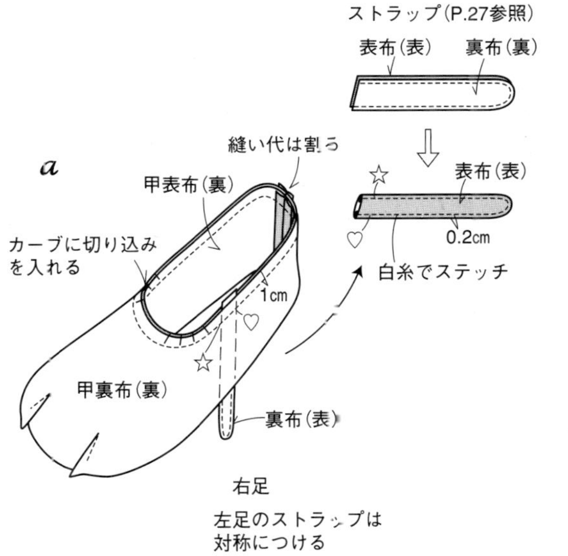

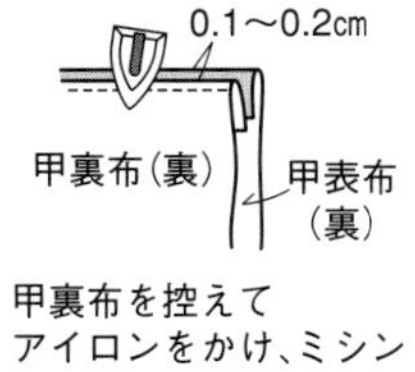

7. 表に返して入れ口と底側に
押さえミシン

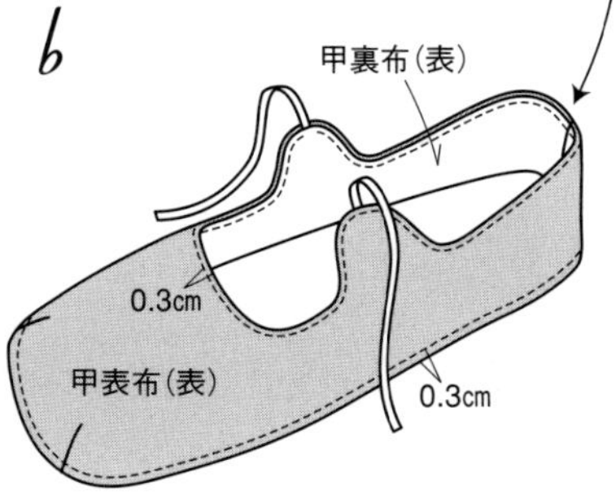

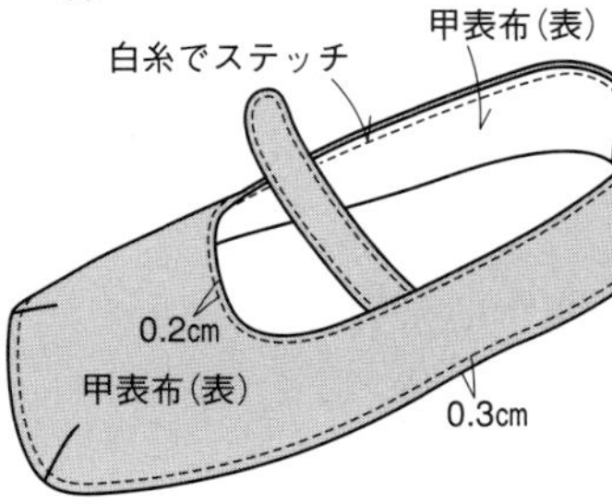

8. **7**と外底布を合印で中表に合わせ、一周縫う

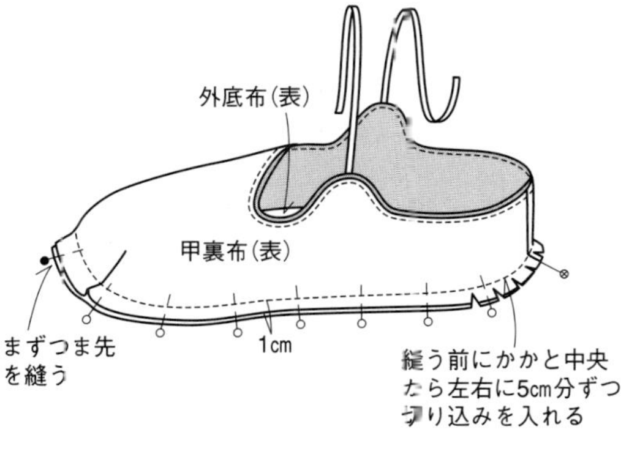

9. 縫い代のカーブに切り込みを入れ、外底布に粗くまつりつける

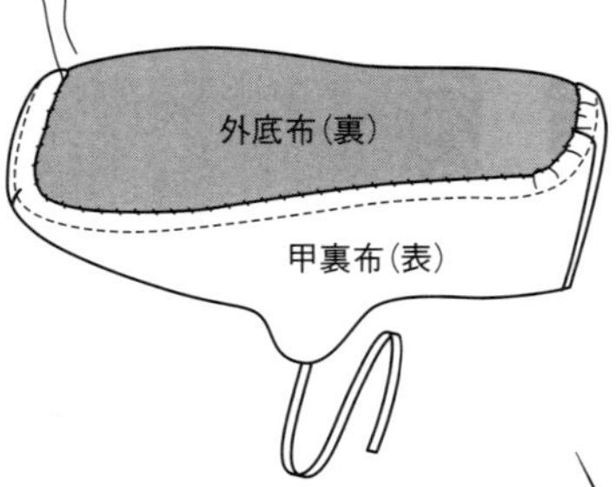

10. 外底の裏に**3**をのせぐるりと一周まつりつける

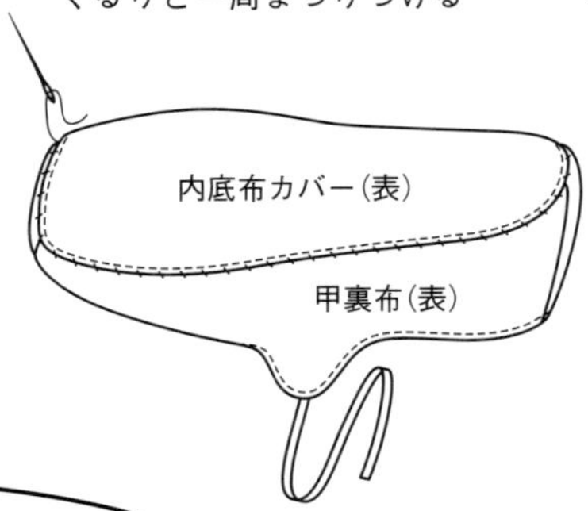

11. 表に返してアイロンをかける。
*a*はボタンとスナップボタンをつける

b

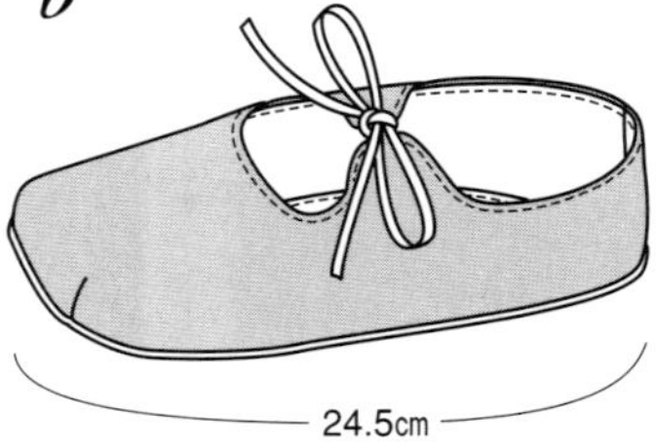

a

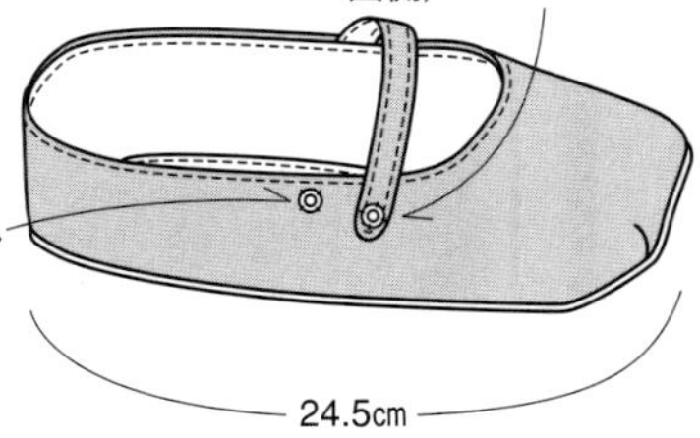

型紙

・200%に拡大

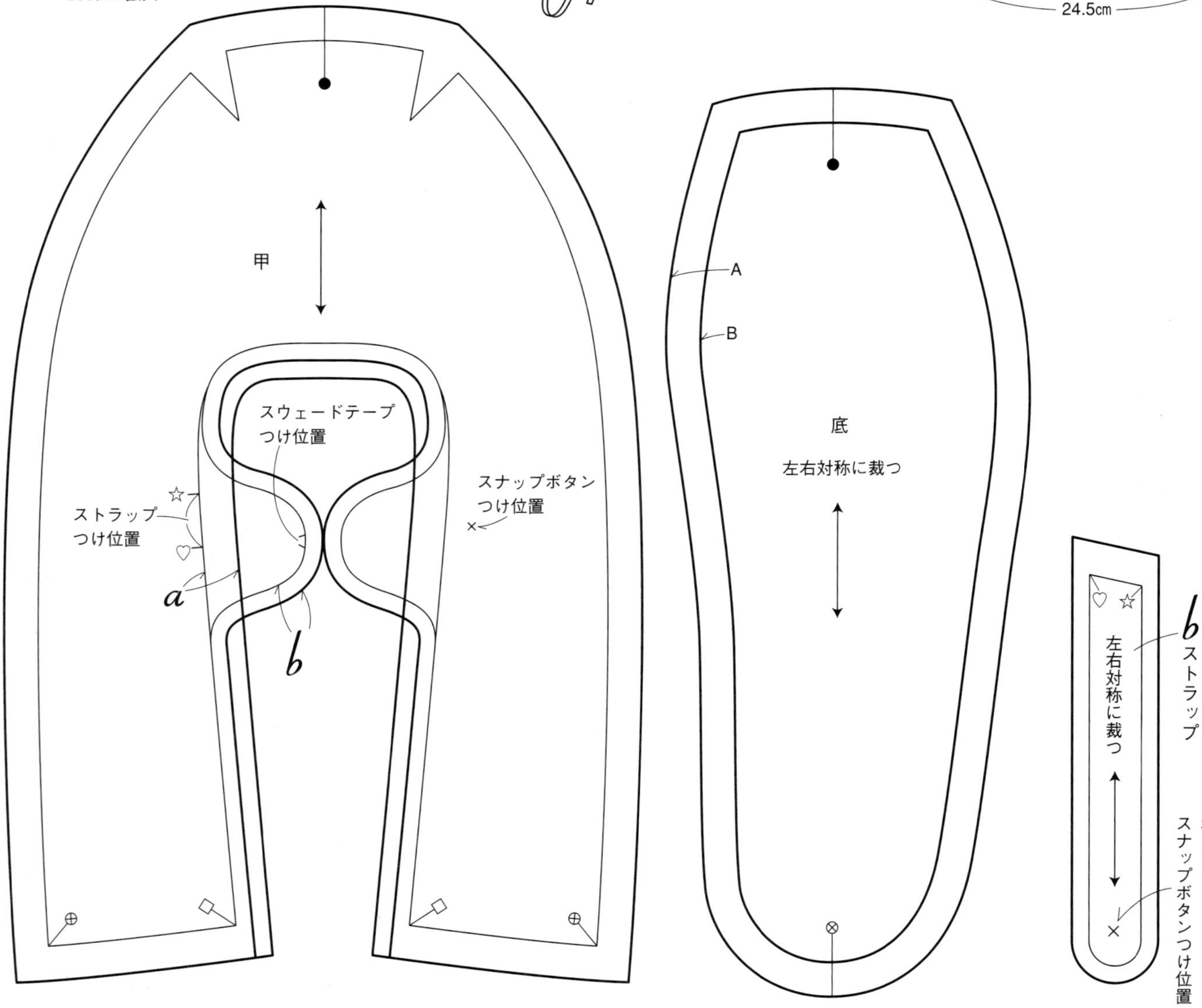

8

フェルトタイプ

18－19ページ

●材料　（　）内はb、指定以外は共通
赤（水色）の厚さ2mmのフェルト66cm×32cm
その他：手芸用ボンド、
赤（クリーム色）の30番ミシン糸
●でき上がり寸法　図参照

裁ち合わせ図　・単位はcm

フェルト

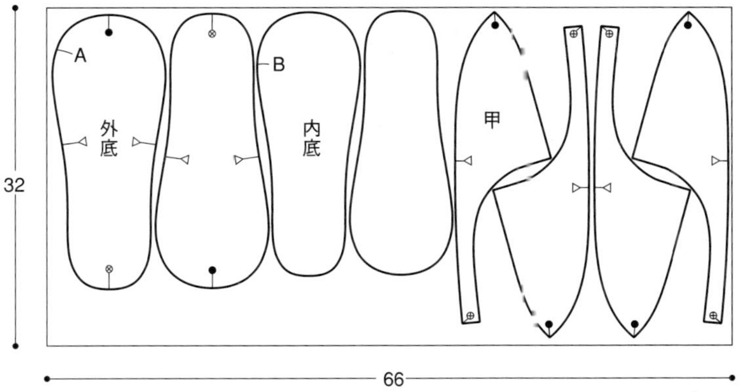

※フェルトは布目を気にしなくてよいので、
裁ち合わせ図通りに置けなくてもよい

1. 甲とかかとをそれぞれつき合わせ、
甲、かかとの順にジグザグミシンで縫う

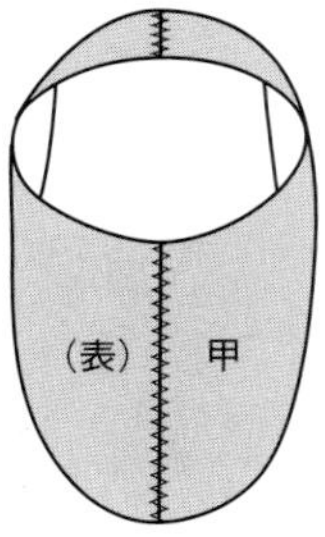

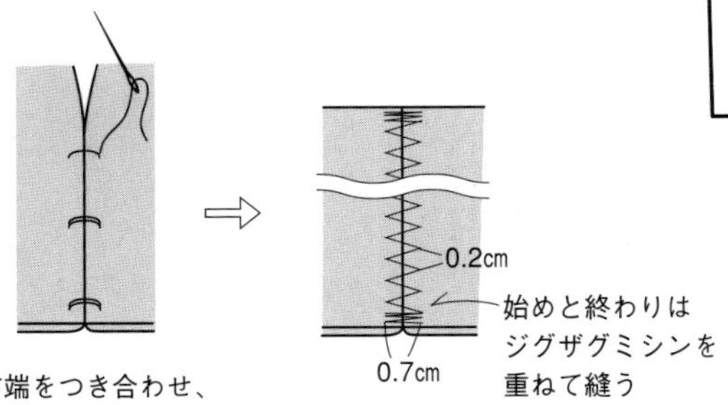

布端をつき合わせ、
何ヵ所かしつけをする

型紙
・200%に拡大

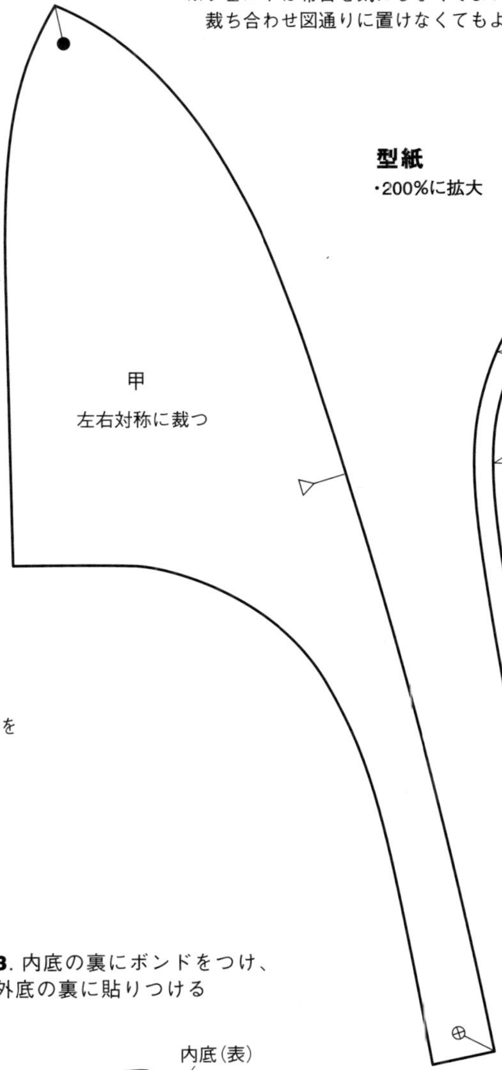

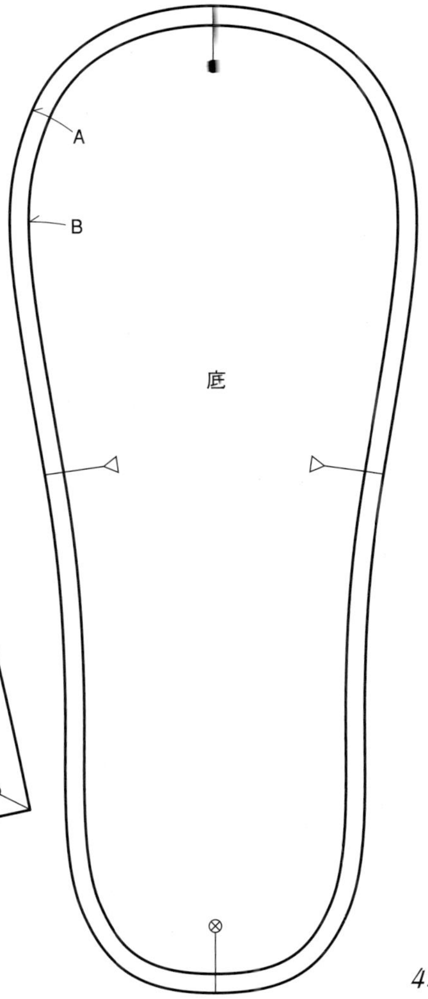

2. 外底と**1**を合印で合わせ、
ぐるりと一周縫う

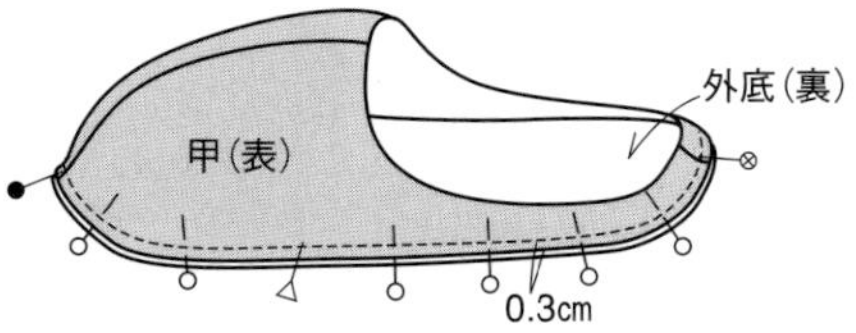

3. 内底の裏にボンドをつけ、
外底の裏に貼りつける

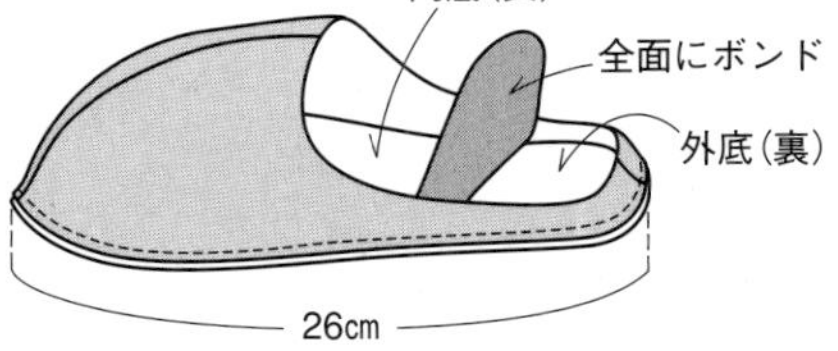

6

レザータイプ

14－15ページ

a の材料

外底、内底、甲：こげ茶のスウェード46cm×44cm

中底布：厚さ2mmのフェルト19cm×25cm

その他：手芸用ボンド、こげ茶の30番ミシン糸

●でき上がり寸法　図参照

b の材料

内底：厚さ2mmのヌメ革24cm×28cm

甲：厚さ1mmのヌメ革20cm×14cm

外底布：厚さ2mmのフェルト24cm×28cm

その他：手芸用ボンド、白の30番ミシン糸

●でき上がり寸法　図参照

a の裁ち合わせ図　・単位はcm

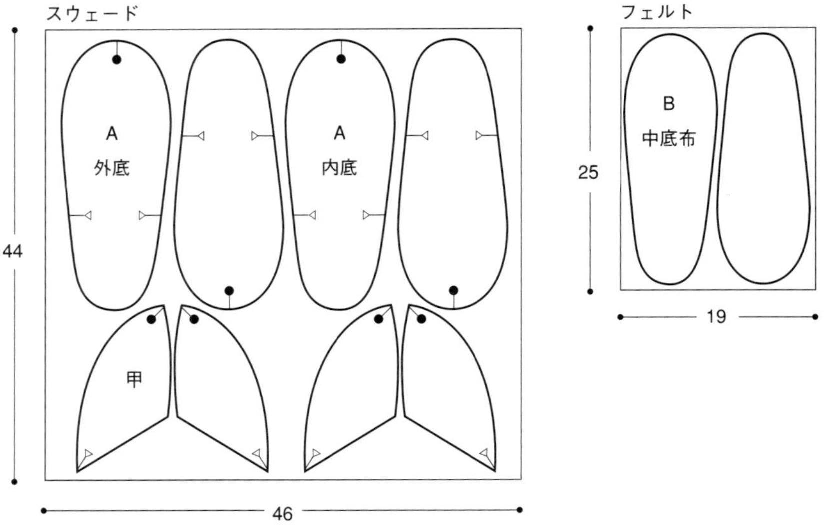

※型紙をスウェードの上に置き、へらで強くなぞる。
スウェードに布目はないので、裁ち合わせ図通りに
置けなくてもよい

1. 甲2枚をボンドで貼り合わせ、
甲中央を縫い合わせる

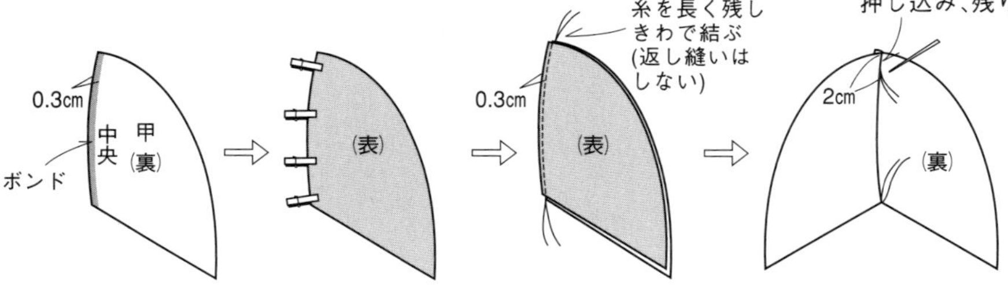

甲1枚の中央裏側に
ボンドをつける

もう1枚を外表に
重ね、ピンチで固定して
完全に乾かす

甲中央を30番の糸で
針目を大きくして縫う

2. 外底、中底布、内底を貼り合わせ、
かかと側を縫う

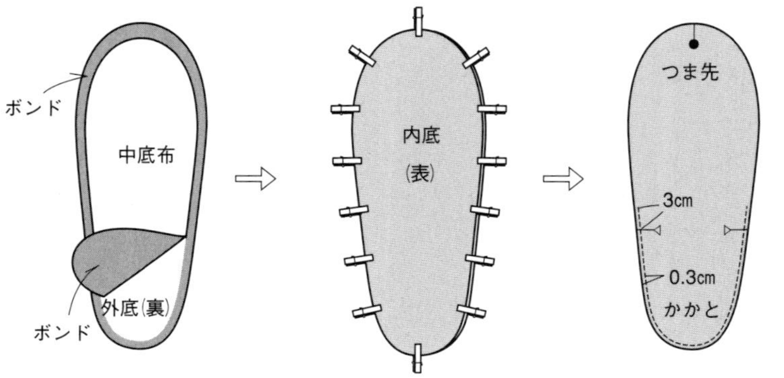

中底布の片面全面にボンドを
つけ、外底の上に重ね、外底の
ふちにもボンドを一周つける

内底を外表に重ね、
まわりをピンチで
固定して完全に乾かす

かかと側を
図のように縫う

3. 甲と底を貼り合わせ、
甲のふちを縫う

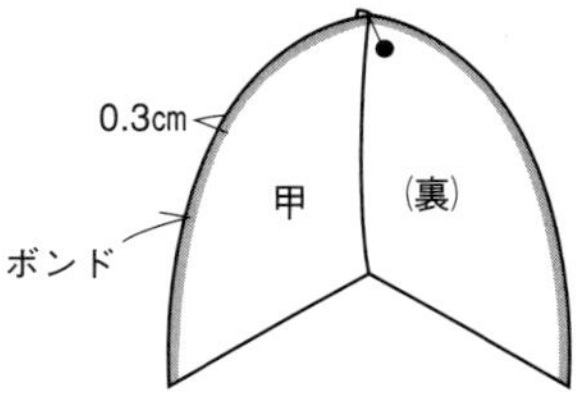

甲の裏側のふちに
ボンドつける

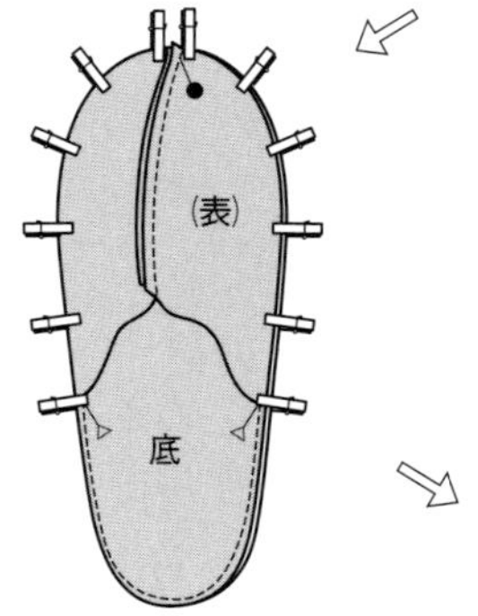

まわりをピンチで固定し、
完全に乾かす

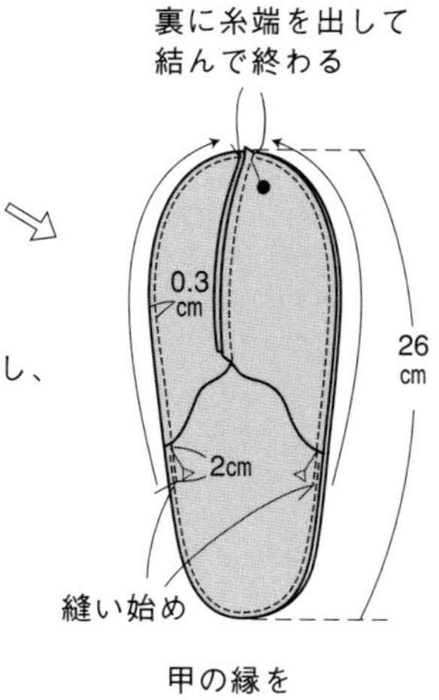

甲の縁を
左右別々に縫う

*b*の裁ち合わせ図

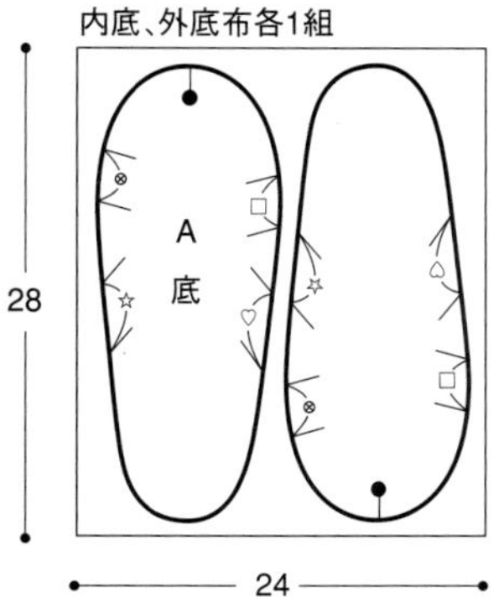

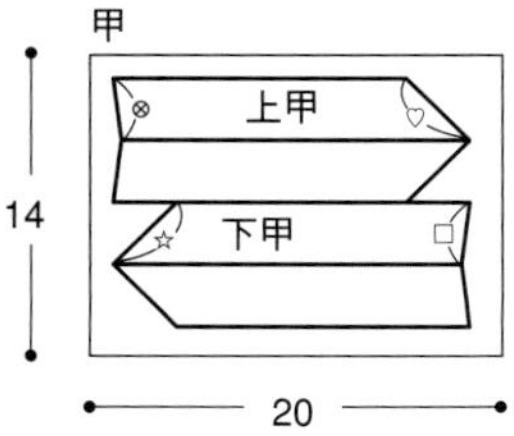

1. 内底の裏側にボンドをつけ、外底布を貼る。
上下甲の端にボンドをつけ、
内底に合印を合わせてのせ、
ピンチで固定して完全に乾かす

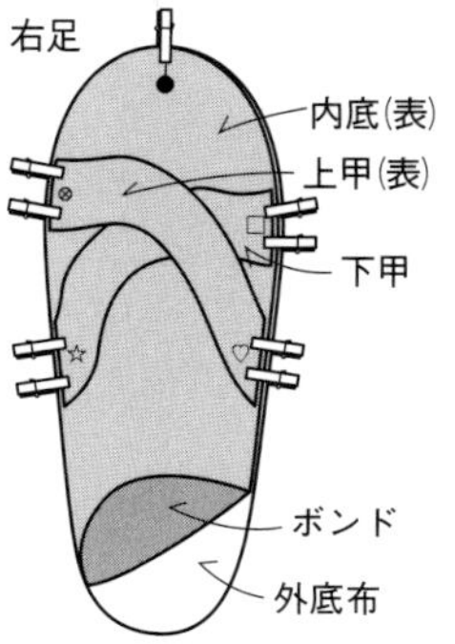

2. まわりを一周ステッチをする

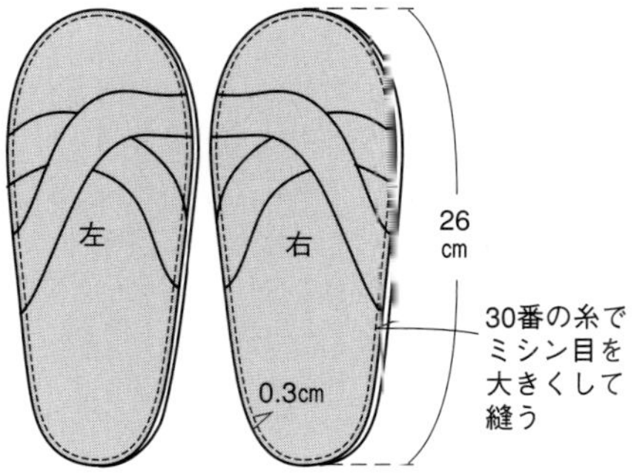

※甲の重なり方は左右対称
なので注意する

型紙

・200%に拡大

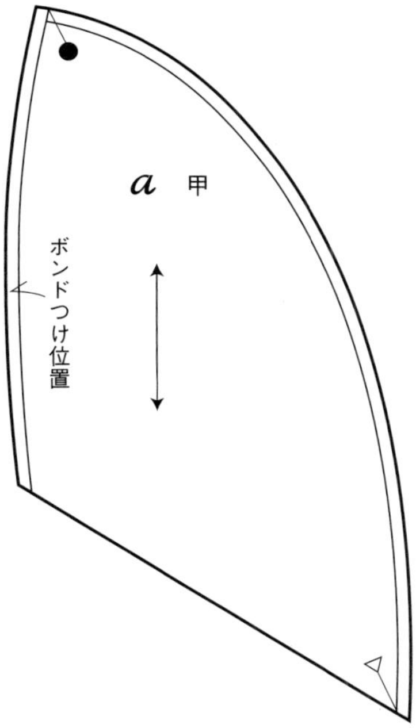

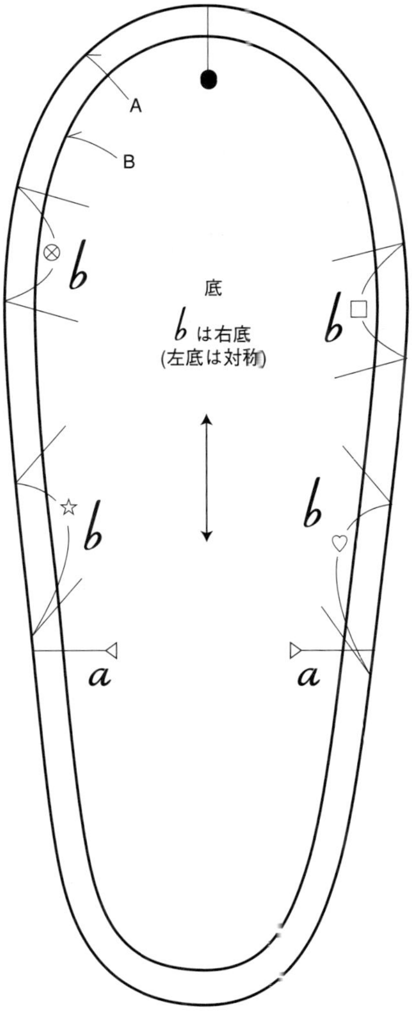

b 右足(左足は対称に裁つ)

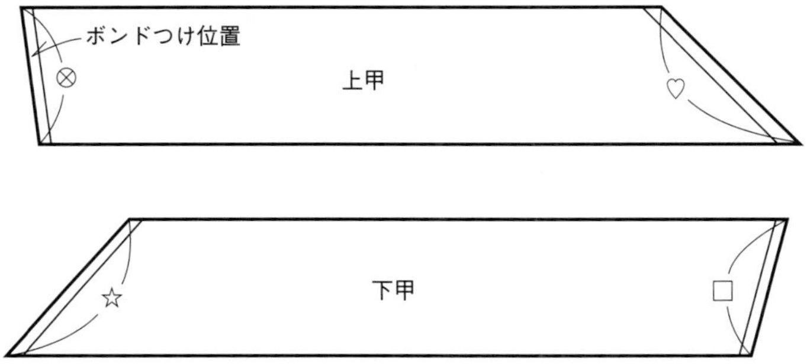

7

エスパドリーユタイプ

16－17ページ

●**材料**　（　）内は*b*、指定以外は共通
表布：紺の帆布（ストライプのリネン）布幅×48cm
内底布：生成りのシーチング20cm×26cm
外底布：厚さ2mmのオフ白のフェルト60cm×26cm
クロバー熱接着両面シート：20cm×26cm
その他：クリーム色の30番ミシン糸、白の革用麻手縫い糸、
手芸用ボンド、*a*のみ幅1.5cmの綿テープ10cm
●できあがり寸法　図参照

裁ち合わせ図　・単位はcm

外底布3組、内底布、接着シート各1組

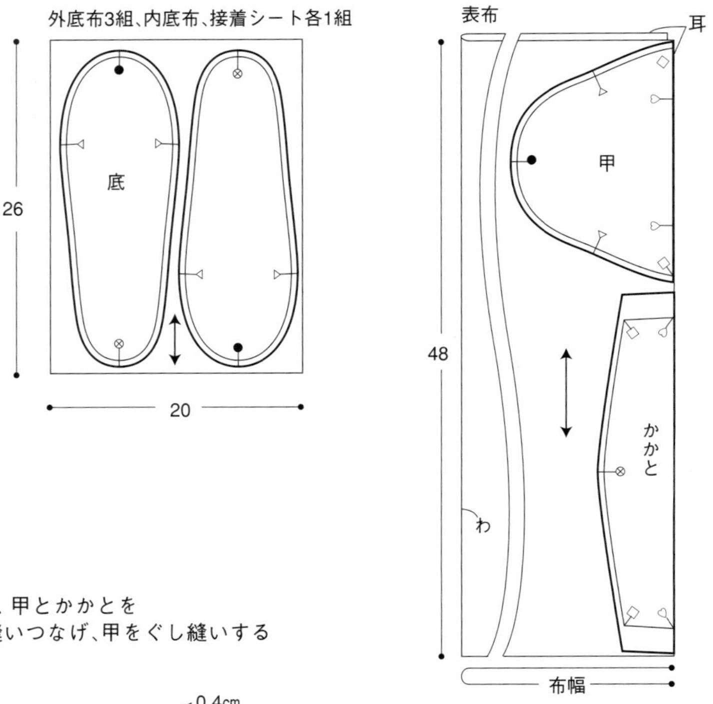

1. かかとの両端の縫い代を始末し、
*a*のみ中央に綿テープを縫いつける

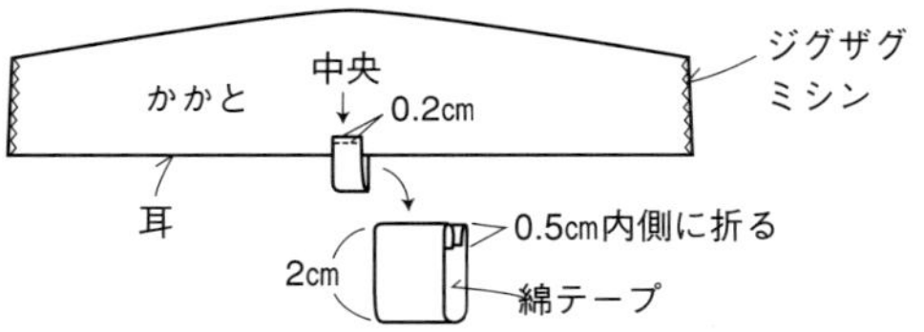

2. 甲とかかとを
縫いつなげ、甲をぐし縫いする

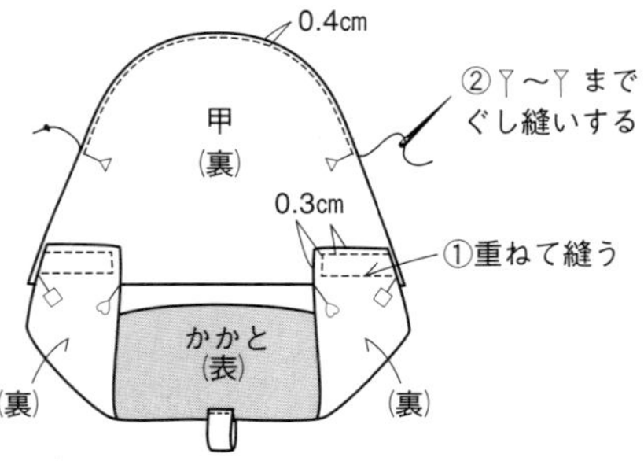

3. 内底布、接着シート、外底布
を重ねて貼り合わせ、
ステッチをかける

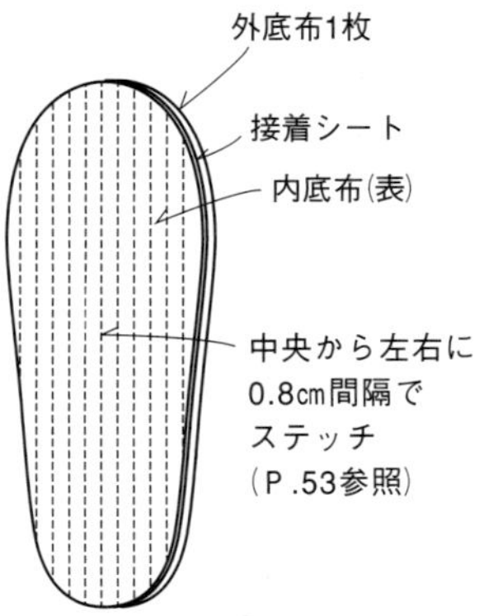

4. **2**のぐし縫いの糸を縮め、**3**と
合印で合わせ、一周縫う

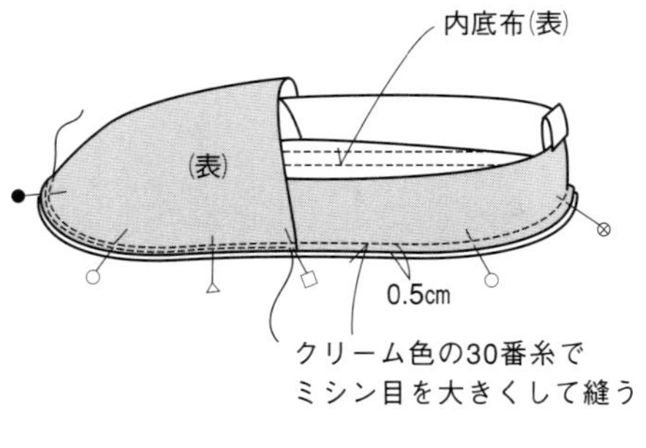

5. 外底布1枚の全面にボンドをつけ、
もう1枚の外底布を重ねて貼る。
さらに片面にボンドをつける

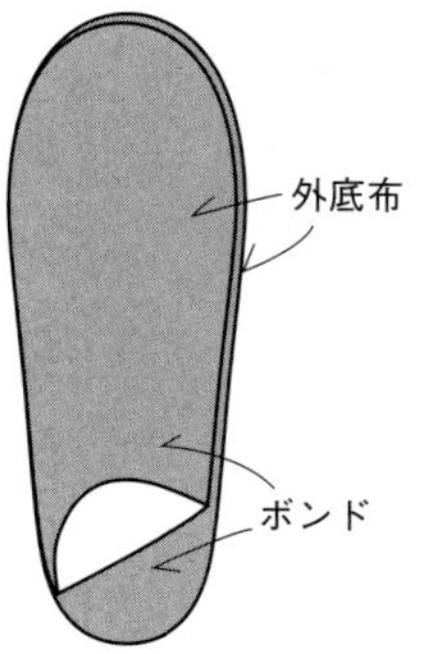

6. **4**の底に**5**を貼り、乾いてから
底を一周ブランケット・ステッチをする

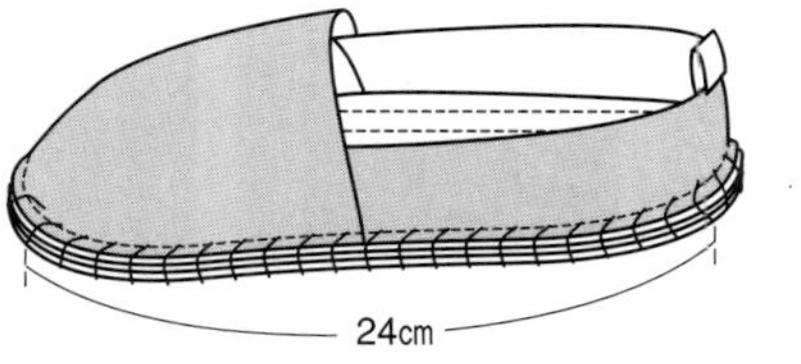

ブランケット・ステッチの仕方

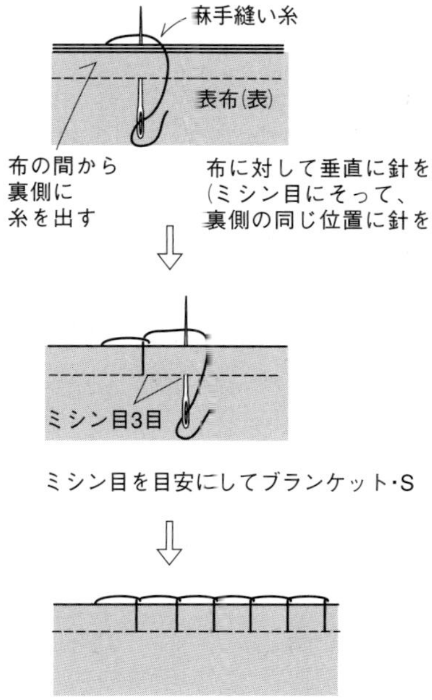

型紙

・200%に拡大

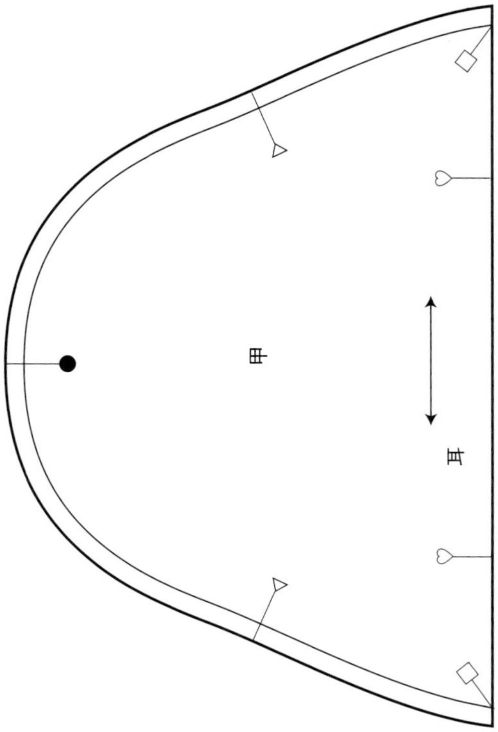

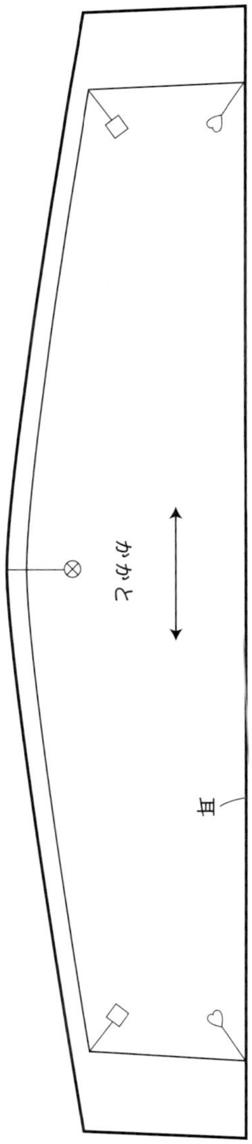

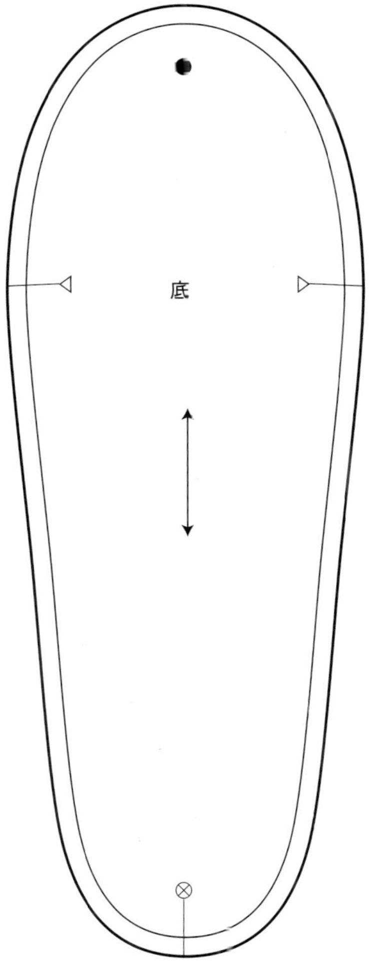

9

モカシンタイプ

20－21ページ

●**材料**　（　）内は*b*、指定以外は共通
オフ白（グレイ）の厚さ3mmのフェルト51cm×38cm
その他：幅0.3cmのキャメル（こげ茶）の革テープ160cm
オフ白（グレイ）の30番ミシン糸、
茶色（こげ茶）の革用麻手縫い糸、直径3mmの穴あけポンチ
●でき上がり寸法　図参照

裁ち合わせ図　・単位はcm

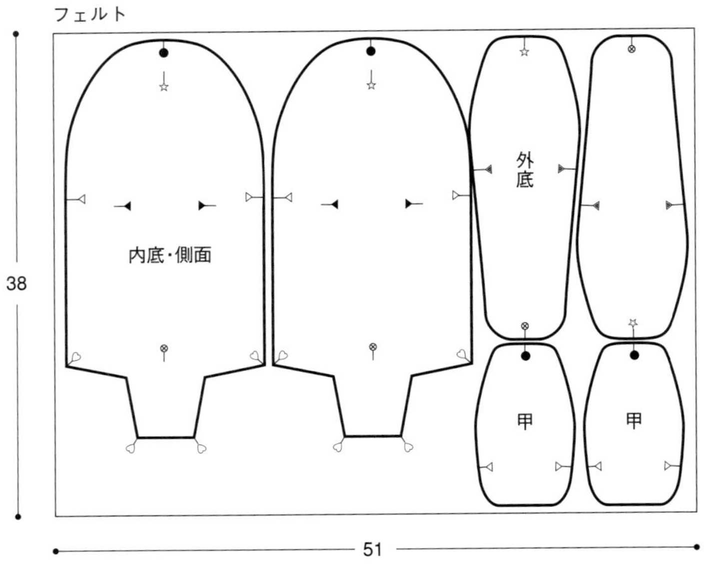

※フェルトは布目を気にしなくてよいので、
裁ち合わせ図通りに置けなくてもよい

1. 内底・側面と甲に型紙の印をつけ、ひも通し穴をあける。外底を合印を合わせて重ね、縫いつける

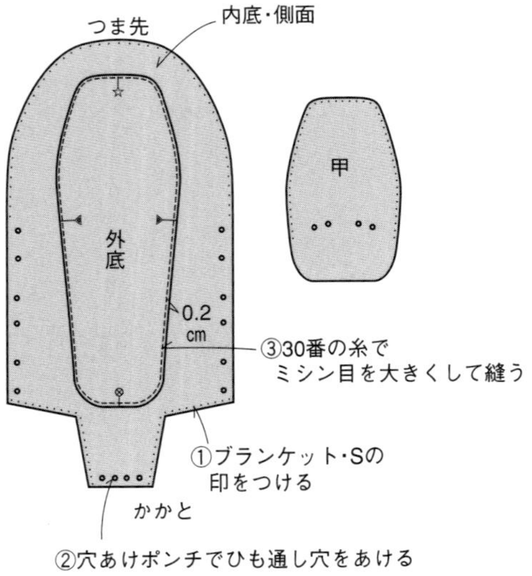

2. かかとの合印を合わせ、ブランケット・ステッチする

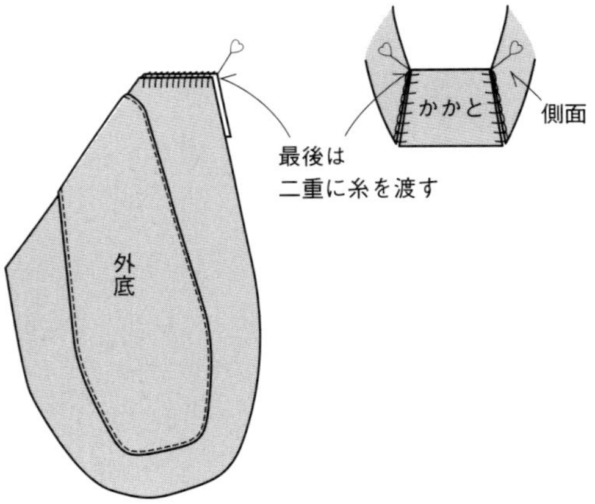

3. 甲と側面をブランケット・ステッチする

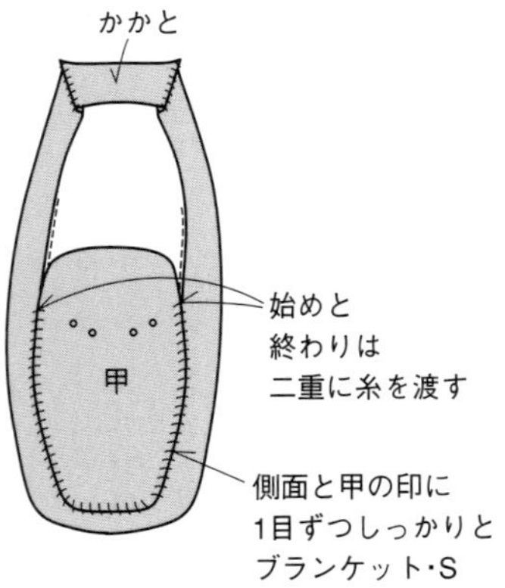

4. テープを穴に通し、前中央で蝶結びにする

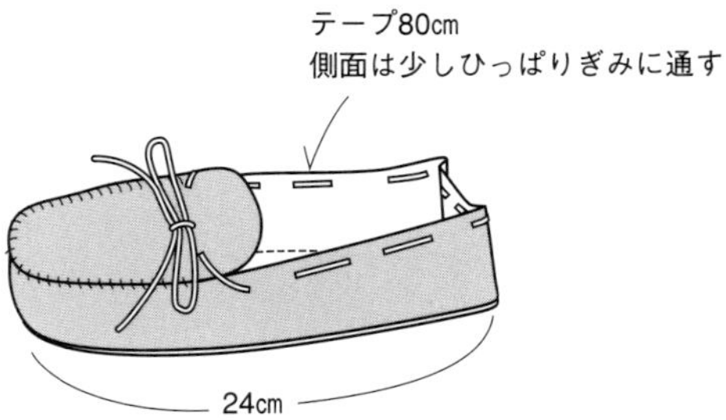

ブランケット・ステッチの仕方

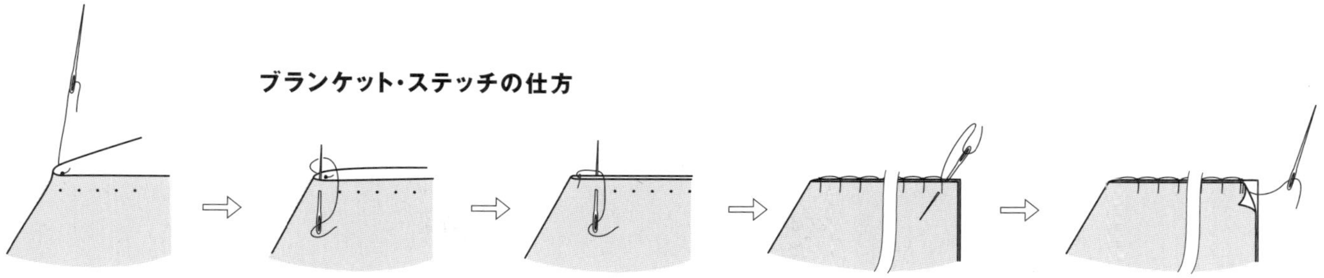

布の間から向こう側の印に針を出す

手前の印から布の間に針を出す

手前の印から向こうの印に針を出して糸をかける

最後は同じ印に向こうから手前に針を出す

さらにもう一度向こうから布と布の間に針を出し、玉結びをする

型紙

・200%に拡大

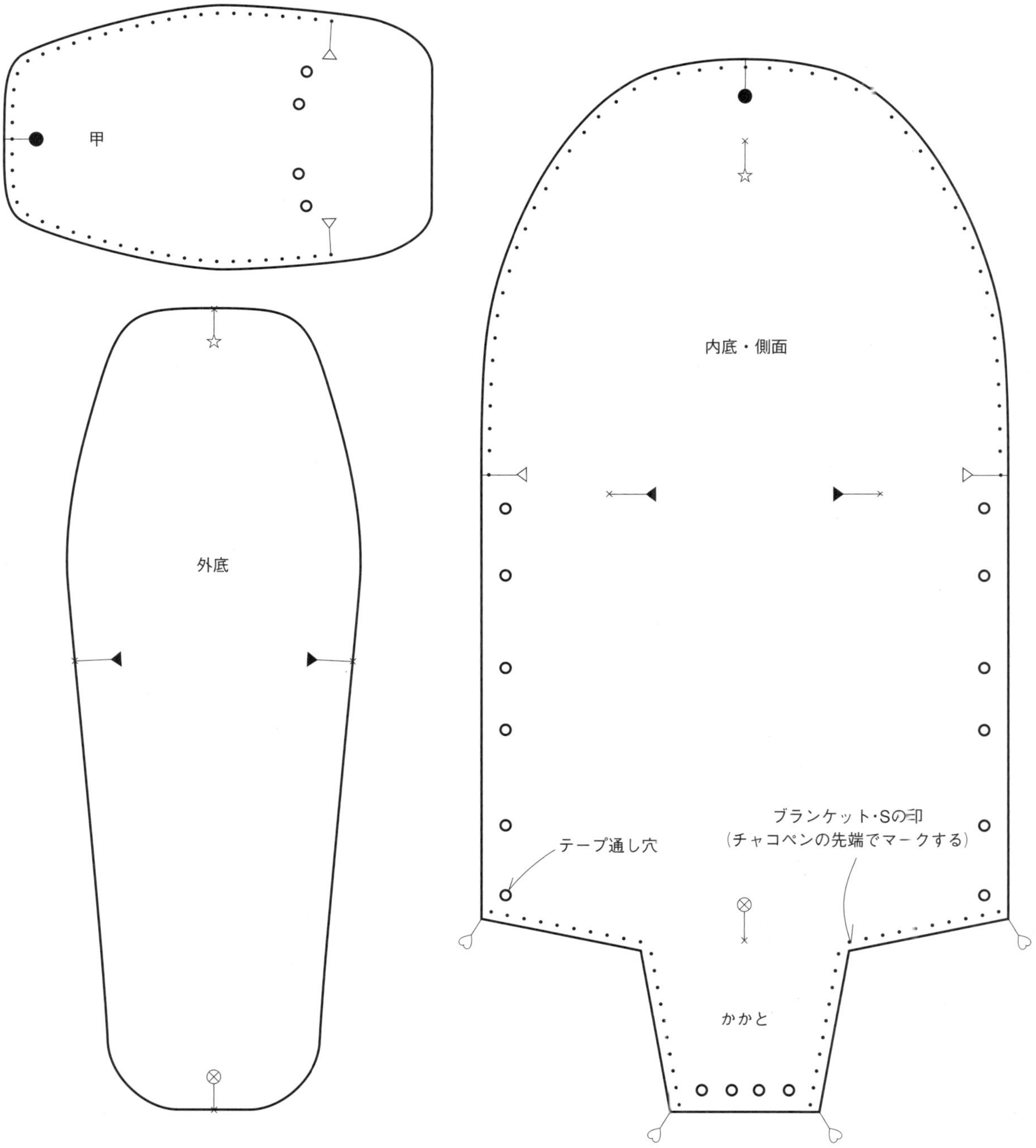

10

ブーツタイプ

22 - 23ページ

a の材料

表布：チェックのウール地73cm×38cm
裏布：オフ白のウールジャージ73cm×38cm
外底布：紺のデニム34cm×32cm
内底布：厚さ2mmのオフ白のフェルト22cm×27cm
キルト芯：107cm×38cm
クロバー熱接着両面シート：22cm×27cm
その他：こげ茶の30番ミシン糸、当て布適宜
●でき上がり寸法　図参照

b の材料

表布：ベージュのボア73cm×38cm
裏布、内底布カバー：エメラルドグリーンの麻107cm×38cm
外底布：紺のデニム34cm×32cm
内底布：厚さ2mmのフェルト22cm×27cm
キルト芯：34cm×32cm
クロバー熱接着両面シート：22cm×27cm
その他：こげ茶の30番ミシン糸、当て布適宜
●でき上がり寸法　図参照

裁ち合わせ図　・単位はcm

a 表布、裏布、キルト芯、当て布各1組、*b* 表布、裏布各1組

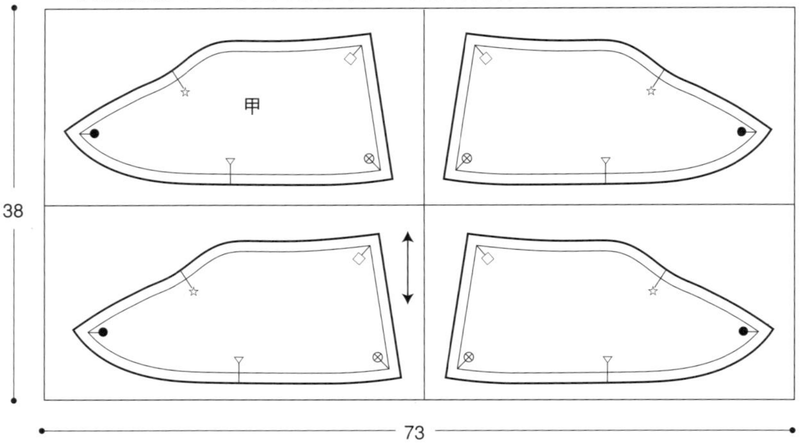

a 外底布、キルト芯、当て布各1組
b 外底布、キルト芯、当て布、内底布カバー各1組

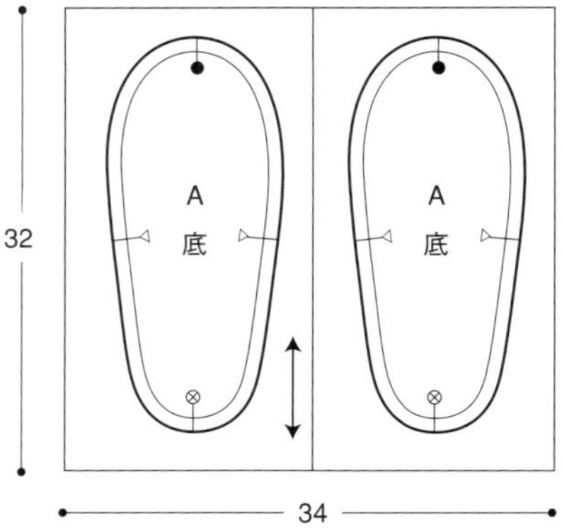

a 内底布1組
b 内底布、接着シート各1組

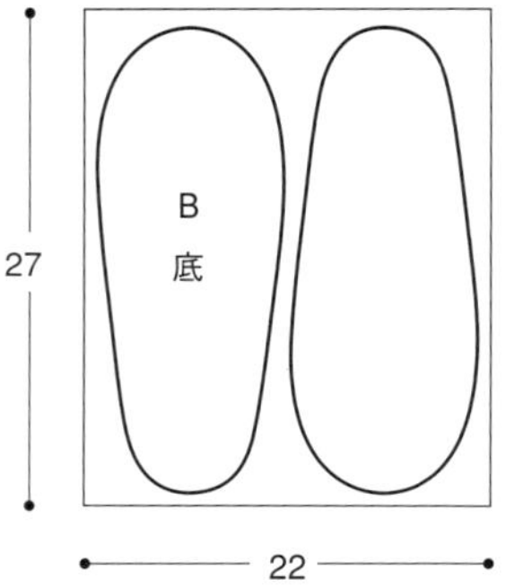

1. 外底を作る

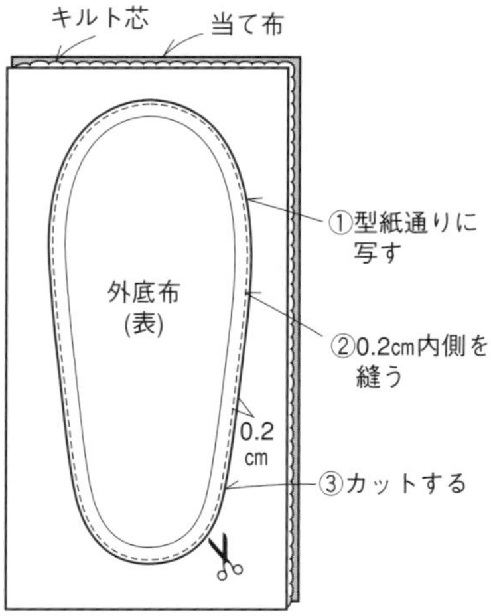

2. *a* は甲表布を**1**と同様に作る。
b はキルト芯をはさまないので、型紙通りカットする

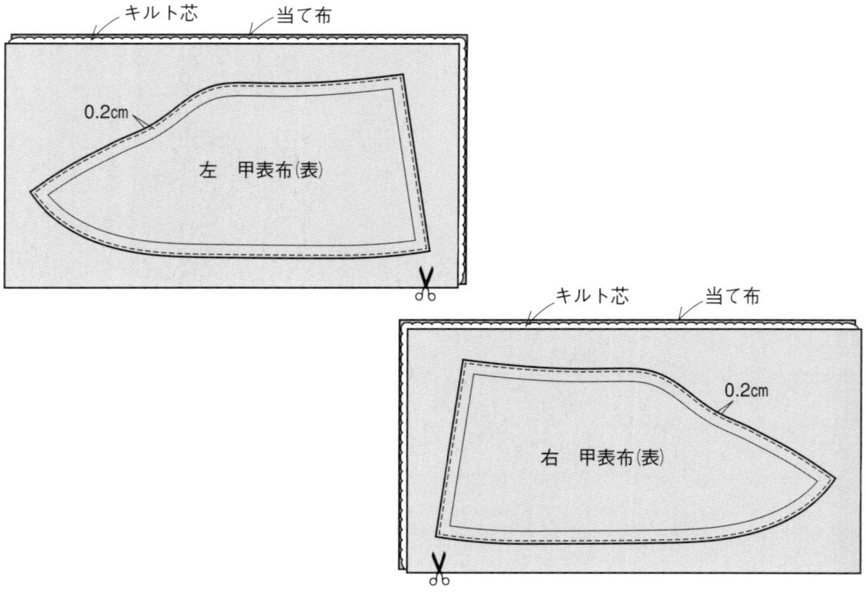

3. *b* は内底を作り（Ｐ.29参照）、ステッチをかける
a は内底布（フェルト）1枚のみ

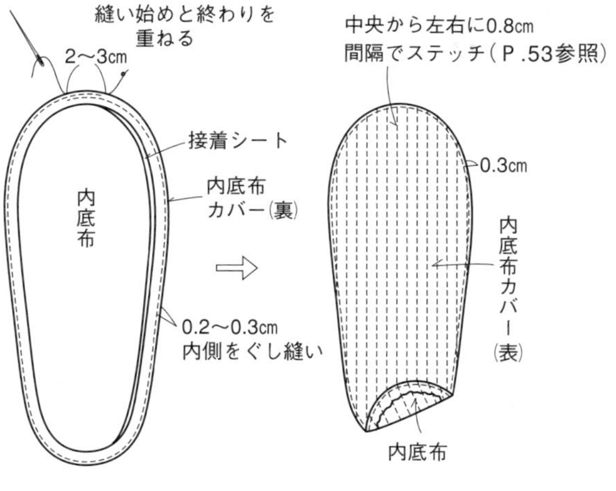

4. 表布、裏布とも前中央の合印を
合わせて中表に縫う

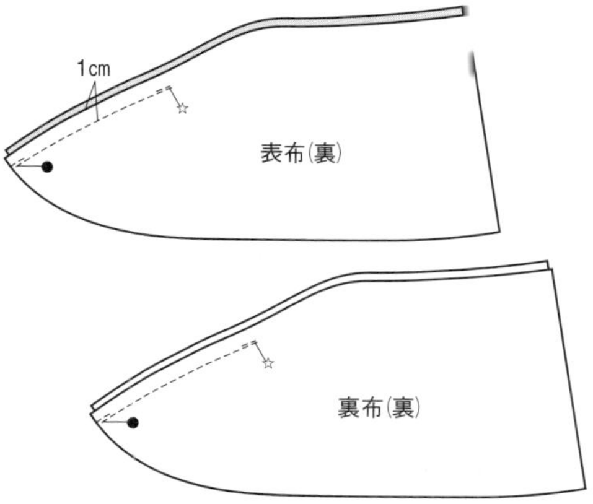

5. 表布と裏布を中表に合わせて、
入れ口を左右別々に縫う

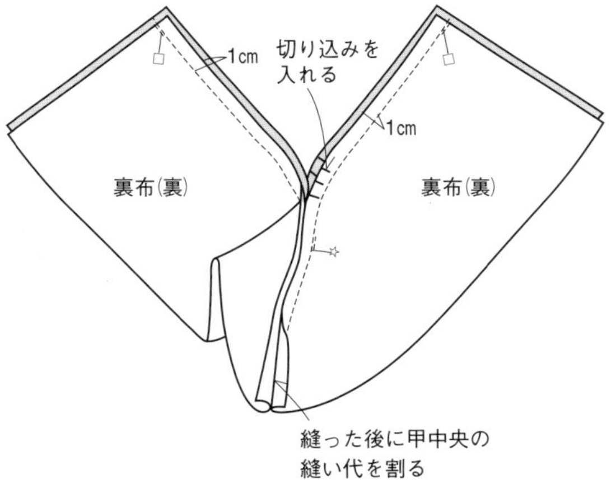

6. 表布と裏布それぞれのかかと側の
合印を合わせて縫う

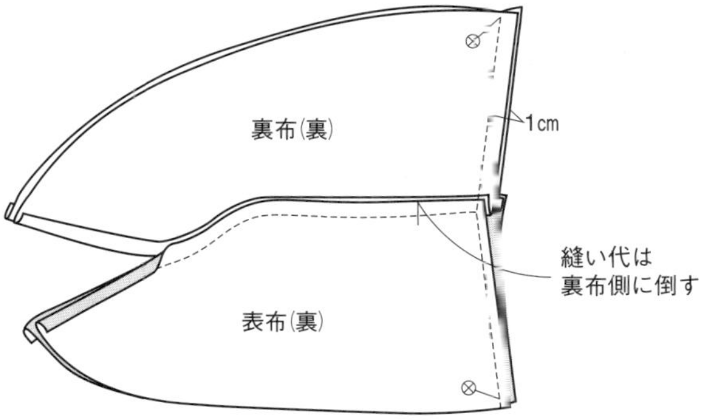

7. 裏布に表布をかぶせるように
表に返し、底側に押さえミシン

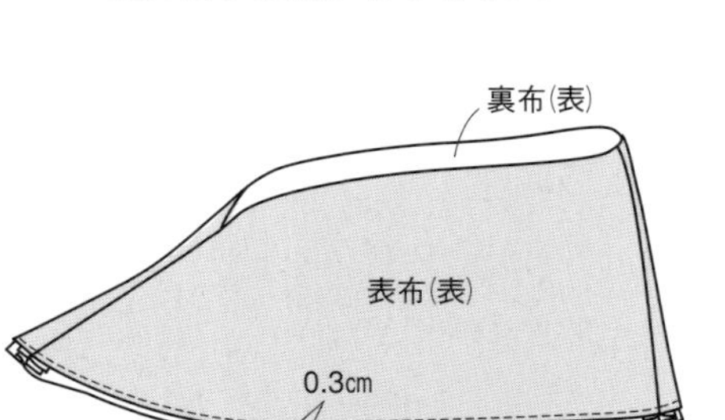

8. 外底と**7**を合印で合わせ、
一周縫う

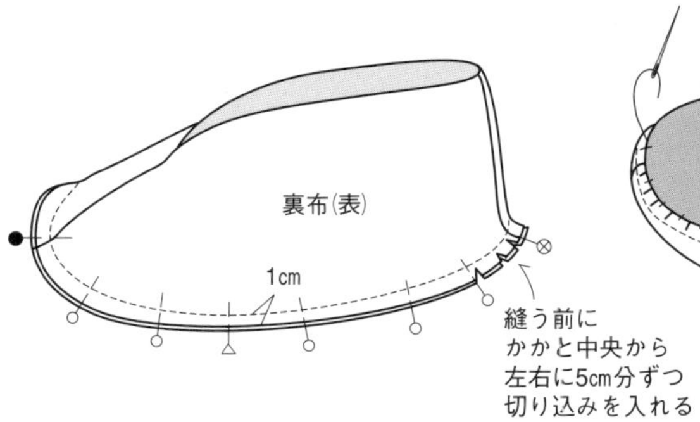

9. 縫い代のカーブに切り込みを入れ、
外底布に粗くまつりつける

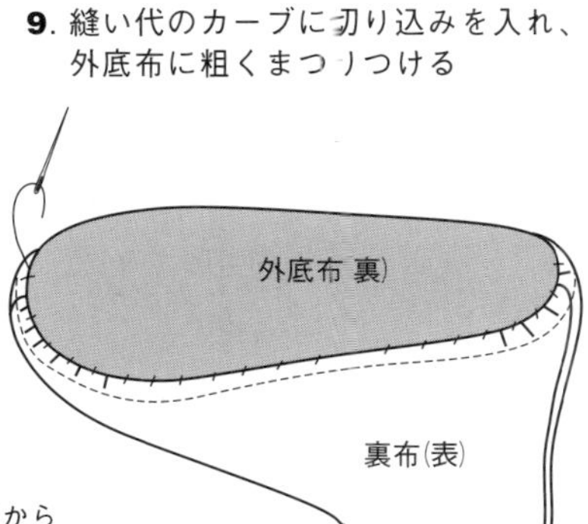

10. 外底の裏に**3**をのせ、
ぐるりと一周まつりつける

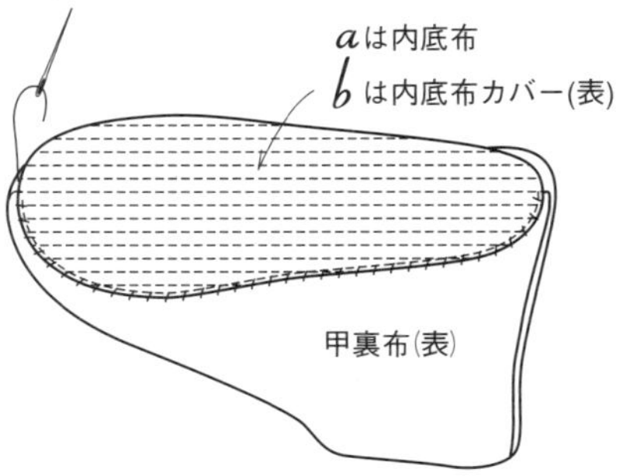

11. 表に返し合印☆の位置に
かんぬき止めをする

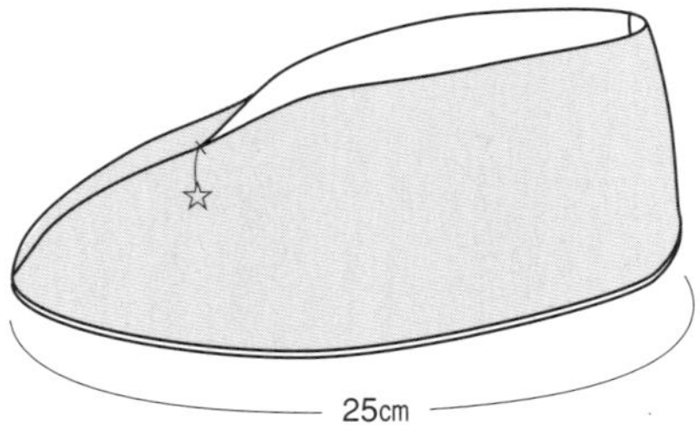

かんぬき止め

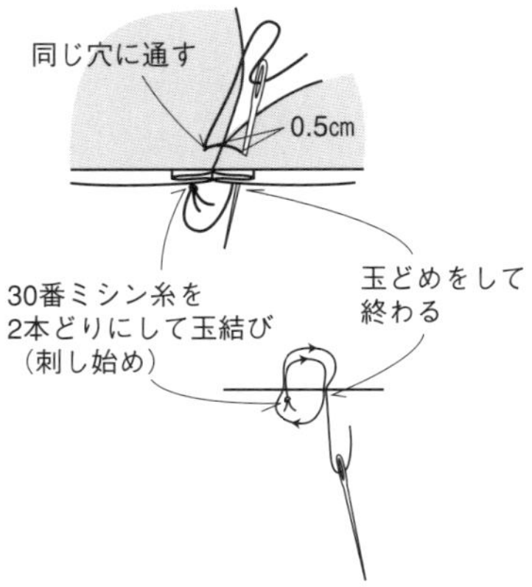

型紙

・200%に拡大

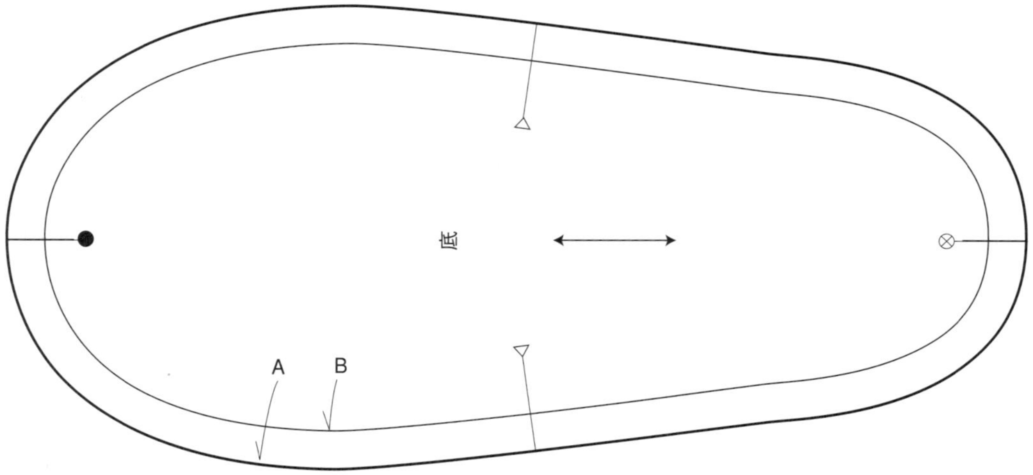

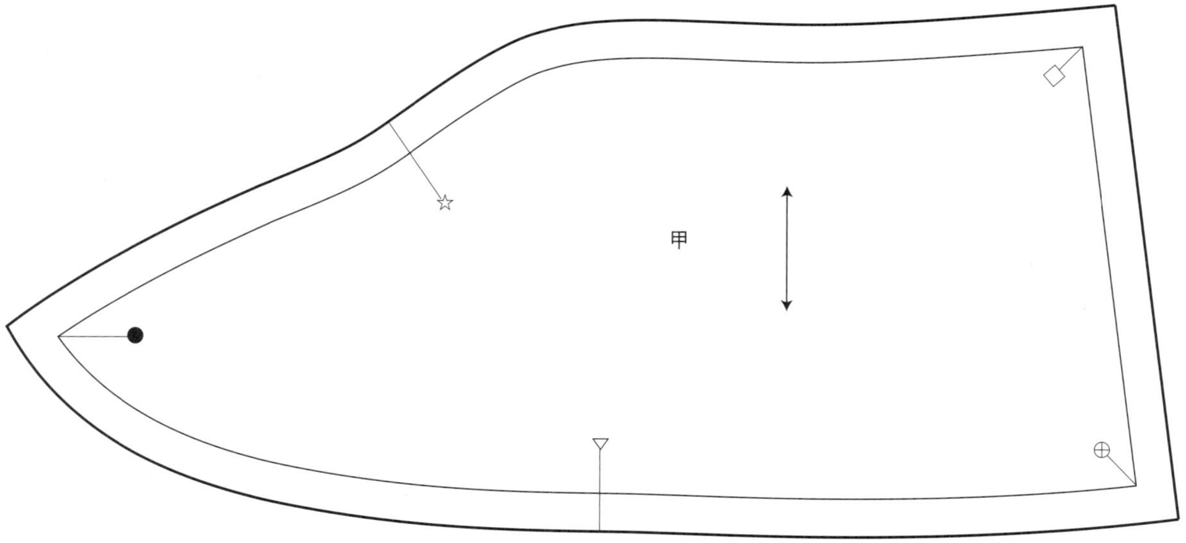

11

スリッパタイプ＋収納袋

24 - 25ページ

●材料
表布：ベージュのブロード55cm×66cm
裏布：生成りのシーチング55cm×66cm
パイピング布、ひも：ターコイズブルーのブロード50cm×65cm
外底布：厚さ2mmのフェルト22cm×27cm
キルト芯：55cm×66cm
その他：ターコイズブルーのミシン糸
●でき上がり寸法　図参照

裁ち合わせ図 ・単位はcm

表布、裏布、キルト芯各1組

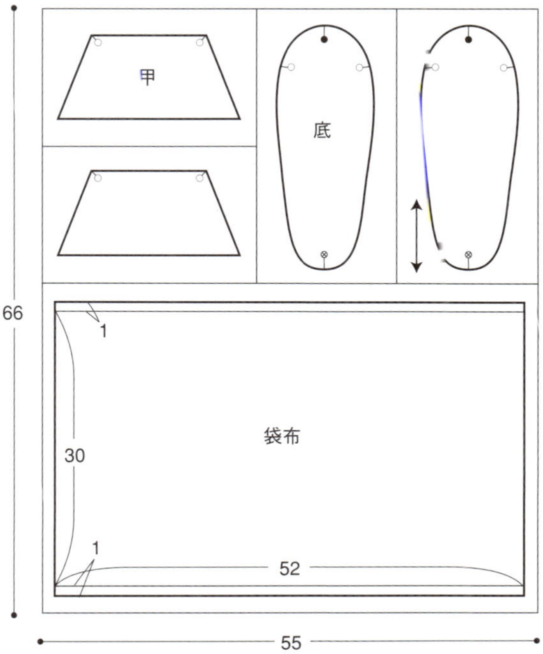

外底布1組

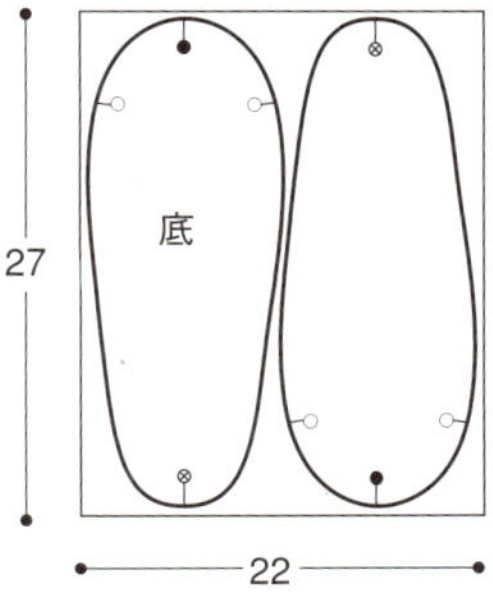

パイピング布、ひも

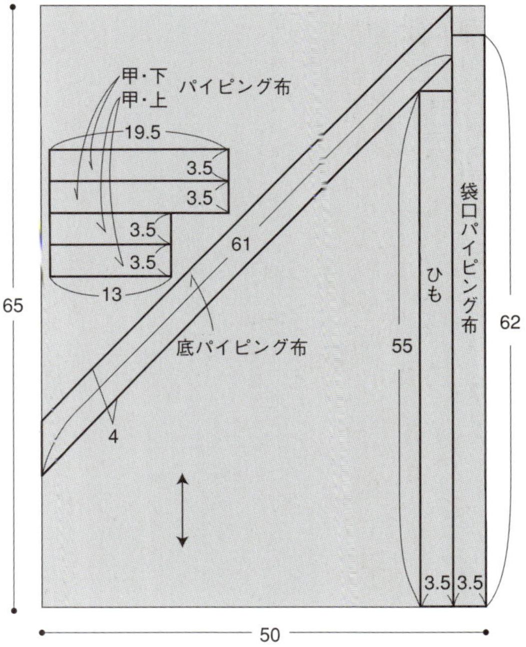

ルームシューズ

1. 底を作る

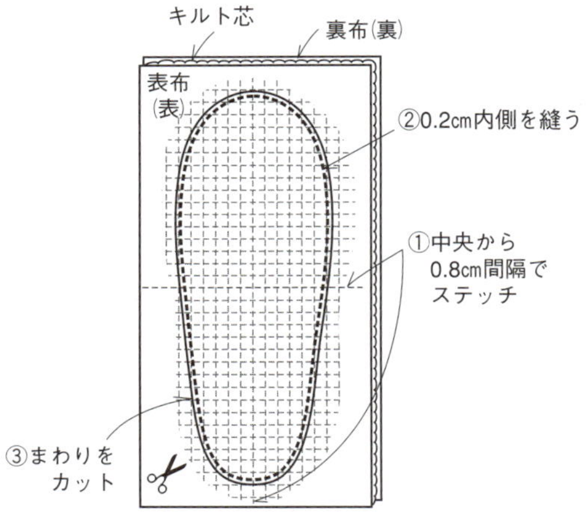

ミシンステッチのかけ方

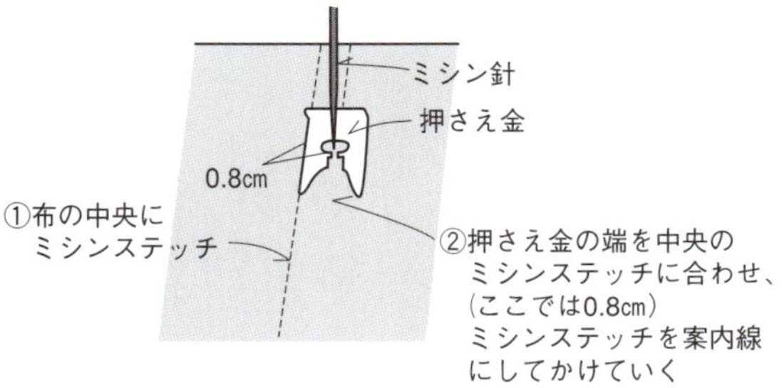

※ミシンの押さえ金の幅に合わせて
ステッチ幅を決めるとよい

2. **1**と同様に甲を作る

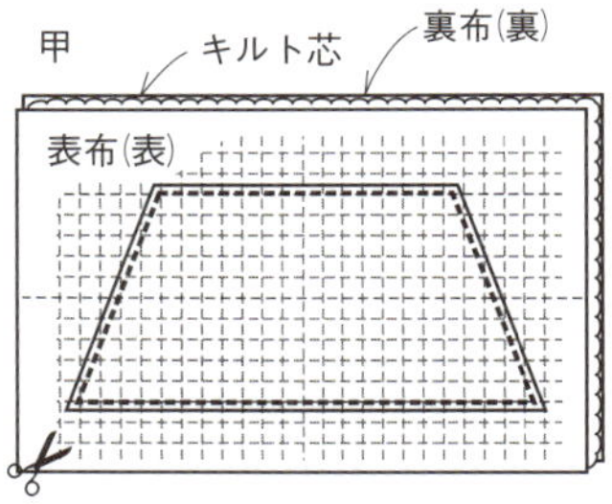

3. 甲の上下にパイピングをする

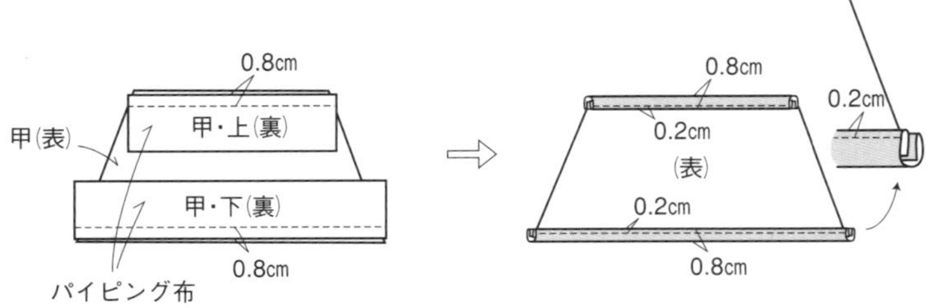

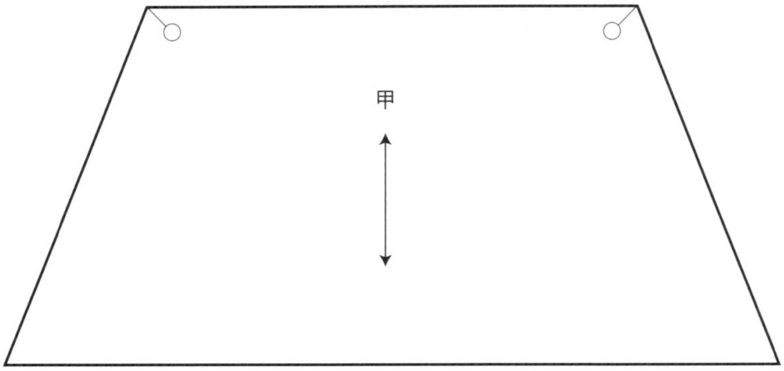

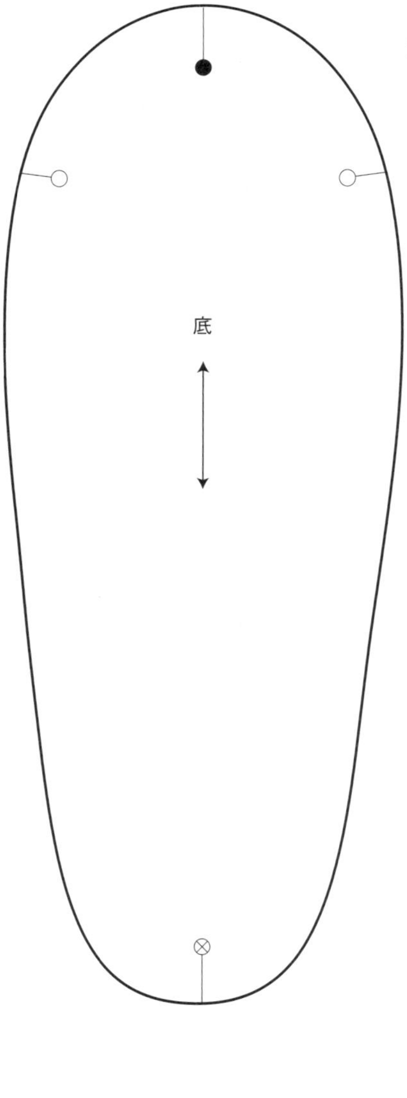

型紙
・200%に拡大

4. 外底布と**1**を外表に合わせて
まわりをぐるりと縫う

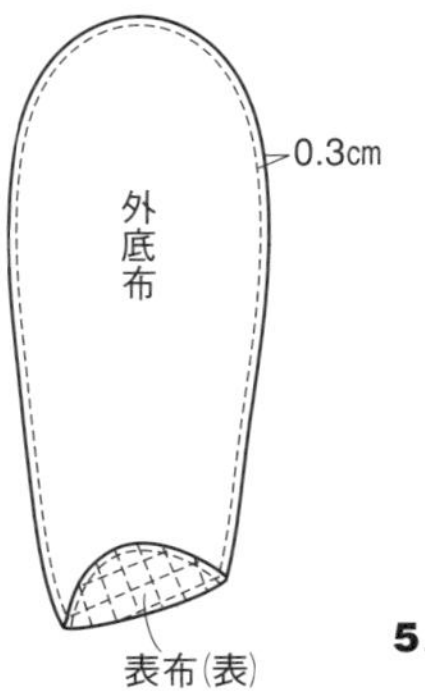

5. 底表側に甲をのせて縫う

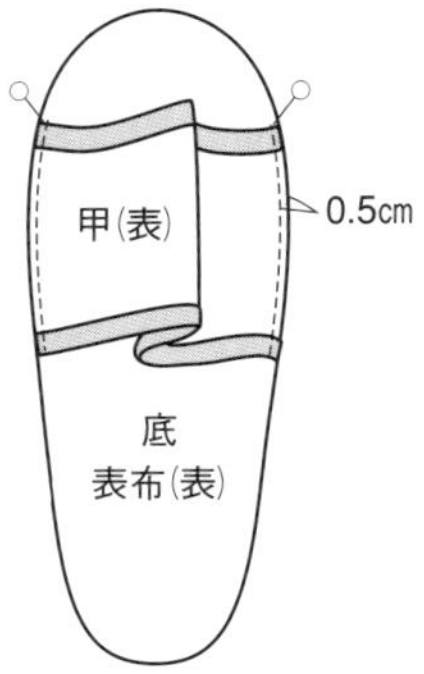

6. 底パイピング布を輪に縫う

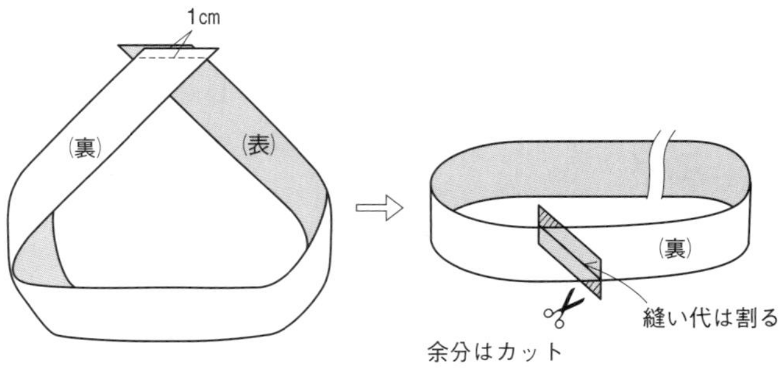

7. 底のまわりをパイピングする

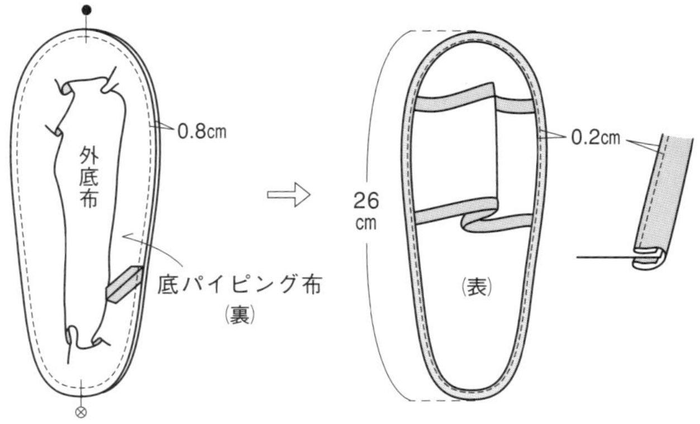

底パイピング布を2つに折って
印をつけ、つま先、かかとの合印と
合わせて縫う

収納袋

1. 表布にキルト芯と裏布を重ね、P.53の**1**と同様にステッチし、
まわりをカットする

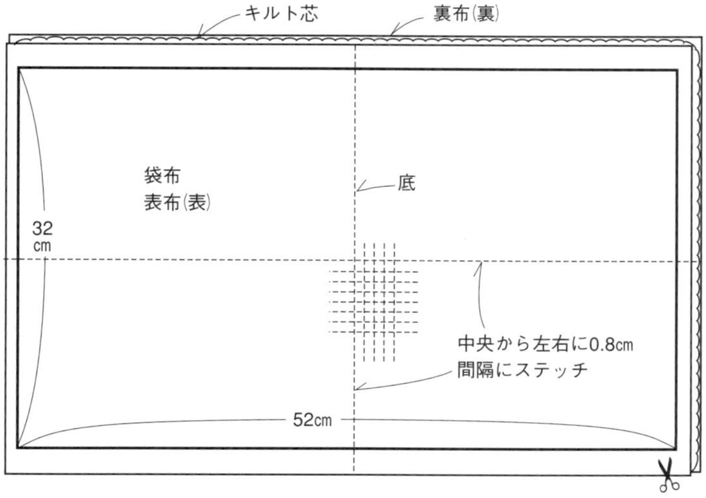

2. 両わきの縫い代の始末をし、
底から中表に折って両わきを縫う

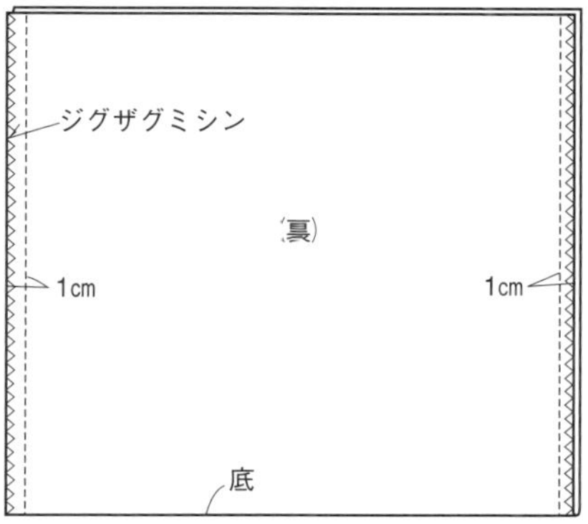

3. ひもを作る

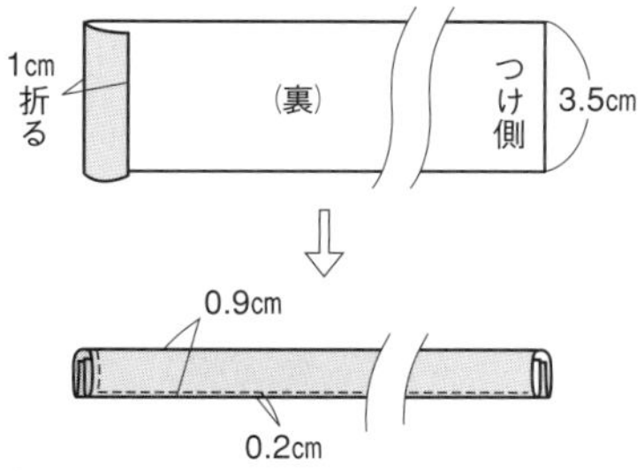

4. 袋口パイピング布を輪に縫い
縫い線を3cmずらして半分に折り、
合印をつける

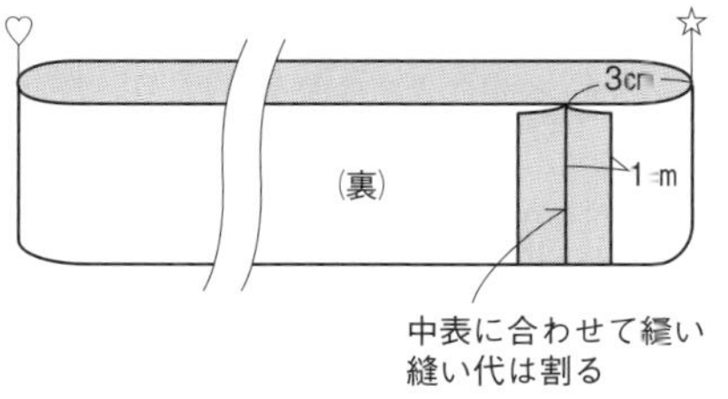

5. 入れ口をパイピングする

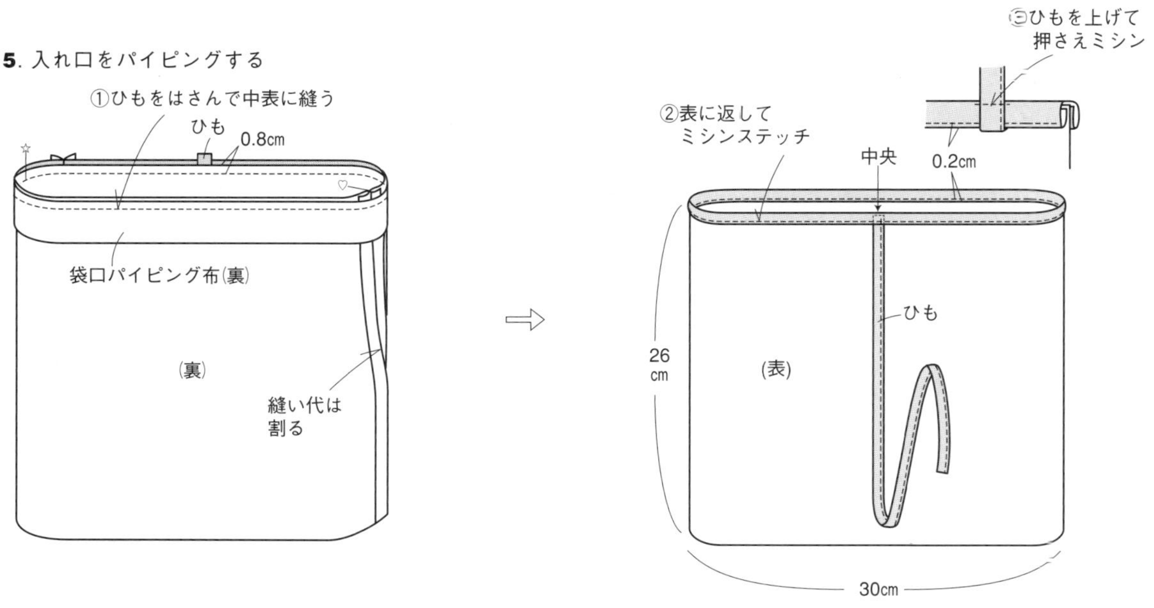

青木恵理子　Eriko Aoki

1969年、神奈川県生まれ。
服飾系専門学校を卒業後、
アパレルメーカー、雑貨店勤務をへて、
1996年から雑貨制作を始める。
雑貨店への卸し、
雑誌や書籍などで作品を発表するほか、
個展や手作り教室の開催など、
多方面にわたって活躍中。
センス光る素材選び、シンプルで使い勝手のよいデザイン、
仕立てのきれいな完成度の高いものづくりには定評がある。
著書に『家ニット外ニット』(文化出版局)、
共著に『まいにちの、布バッグ』(文化出版局) ほか多数。

撮影 —— 公文美和
プロセス撮影 —— 中辻 渉
スタイリング —— 堀江直子
ブックデザイン —— 渡部浩美
モデル —— 狗井裕未
トレース —— day studio
編集 —— 小出かがり
編集担当 —— 東明高史(主婦の友社)

用具提供
クロバー株式会社
〒537-0025　大阪市東成区中道3-15-5
Tel.06-6978-2277(お客様係)

撮影協力
nest Robe 青山店
〒150-0001　東京都渋谷区神宮前3-6-8-B0.5F
Tel.03-5785-3908

毎日(まいにち)いつも ルームシューズ

2010年11月20日　第1刷発行

著　者　青木恵理子
発行者　荻野善之
発行所　株式会社主婦の友社
〒101-8911 東京都千代田区神田駿河台2-9
電話(編集) 03-5280-7537　(販売) 03-5280-7551
印刷所　共同印刷株式会社

◎乱丁本、落丁本はおとりかえいたします。
お買い求めの書店か、主婦の友社資材刊行課(電話03-5280-7590)にご連絡ください。
◎内容に関するお問い合わせは、主婦の友社出版部(電話03-5280-7537) まで。
◎主婦の友社発行の書籍・ムックのご注文、雑誌の定期購読のお申し込みは、
お近くの書店か主婦の友社コールセンター(電話049-259-1236)まで。
＊お問い合わせ受付時間　月～金曜9:30～17:30(祝日を除く)
主婦の友社ホームページ　http://www.shufunotomo.co.jp/

本書は、2006年5月に雄鶏社から発行されたものです。